HERNANDES DIAS LOPES

ELIAS

Juízo e graça

hagnos

1.ª edição: junho de 2025

Revisão: Fabiano Silveira Medeiros (copidesque) e Pedro Nolasco (provas)
Diagramação: Letras Reformadas
Capa: Julio Carvalho
Editor: Aldo Menezes
Editor assistente: Fabiano Silveira Medeiros
Assistente editorial: Raquel Carvalho
Coordenador de produção: Mauro Terrengui
Impressão e acabamento: Imprensa da Fé

Editora Hagnos Ltda.
Rua Geraldo Flausino Gomes, 42, conj. 41
CEP 04575-060 — São Paulo, SP
Tel.: (11) 5990-3308

E-mail: editorial@hagnos.com.br | Home page: www.hagnos.com.br
Editora associada à Associação Brasileira de Direitos Reprográficos (ABDR)

Dados Internacionais de Catalogação na Publicação (CIP)

Lopes, Hernandes Dias
Elias: juízo e graça / Hernandes Dias Lopes. — São Paulo: Hagnos, 2025.

Bibliografia
ISBN 978-85-7742-662-1

1. Elias, Profeta 2. Bíblia. AT Reis – Comentários I. Título

25-2509 CDD 222.507

Índices para catálogo sistemático:
1. Bíblia. AT Elias - Comentários

Angélica Ilacqua CRB-8/7057

DEDICATÓRIA

Dedico este livro a Ilson Mateus Rodrigues, presidente do conselho do Grupo Mateus. Homem de Deus, servo do Altíssimo, amigo precioso.

SUMÁRIO

Prefácio

Elias é uma das figuras mais emblemáticas da história. É um dos homens mais proeminentes da Bíblia. Seu surgimento foi meteórico, sua palavra profética foi contundente, sua influência espiritual foi abrangente e sua voz reverbera ainda hoje. Foi agente de Deus tanto na aplicação da graça quanto na manifestação do juízo.

Foi o precursor do profetismo clássico em Israel, e isso em um dos períodos mais sombrios da história do Reino do Norte. Saiu do anonimato para enfrentar a carranca de Acabe, o rei mais perverso de Israel, trazendo à nação, da parte de Deus, uma mensagem de juízo. O rei Acabe chamou-o "perturbador de Israel" e também "meu inimigo". Elias, porém, não se dobrou aos insultos do rei, tampouco atenuou a ênfase de sua mensagem. Como Acabe não se humilhou diante de Deus, Elias anunciou a morte dele bem como da perversa rainha Jezabel.

O profeta ainda confrontou o rei Acazias, filho e sucessor de Acabe, proferindo sua sentença de morte. Mais que isso, escreveu uma carta a Jeorão, genro de Acabe e cunhado de Acazias, anunciando também sua grave enfermidade para a morte. Jeorão, filho e sucessor do rei Josafá, reinou oito anos em Jerusalém. Sendo casado com

Atalia, filha de Acabe e Jezabel, seguiu o mau exemplo da família da mulher. Elias, então, não deixa passar em branco a idolatria e a perversidade desse rei de Judá. Não aliviava para os reis, fossem eles do Reino do Norte ou do Reino do Sul.

Resta afirmar, portanto, que Elias é claramente o agente de Deus tanto na aplicação da graça quanto na manifestação do juízo. Ele ora pedindo que Deus feche as comportas do céu, e por três anos e meio não chove em Israel, sem cair tampouco uma só gota de orvalho. O juízo de Deus é derramado sobre a nação idólatra, rendida a Baal. Depois disso, Elias ora por chuvas restauradoras, em uma eloquente manifestação da graça. Em outro momento ainda, ele demonstra a graça de Deus na vida da viúva de Sarepta, o que se vê tanto no sustento miraculoso dela, em tempos de fome, quanto na ressurreição do filho, ceifado pela morte. Mas Elias ainda expressa o juízo de Deus, o que se verifica na morte dos profetas de Baal. Ele não apenas confronta os reis, mas também lhes anuncia a morte, e isso porque teimaram em continuar em seus horrendos pecados.

Elias retrata a graça e demonstra o juízo. Quem rejeita a graça tem de enfrentar o juízo. O mesmo Deus que ama é também fogo consumidor. O mesmo Deus de toda a graça é também o Deus cuja ira se revela do céu contra toda impiedade e perversão dos homens.

Elias é transladado ao céu, mas seu manto cai sobre Eliseu. Elias vai embora para o céu, mas Eliseu continua na terra, com porção dobrada de seu espírito. Eliseu, à semelhança de Elias, demonstrou a graça de Deus em Jericó, transformando águas de morte em fontes de vida. E revelou a ira de Deus em Betel, amaldiçoando os jovens zombadores, que foram devorados por ursas pactuais.

Deus é o mesmo ontem, hoje e eternamente. Aos homens, só há duas portas e dois caminhos. A escolha é entre graça e juízo. Rejeitar a graça é sofrer o juízo. Amor ou ira, graça ou juízo, eis o que jaz à frente. O que você vai escolher? O texto que veremos a seguir apresenta diante de nós a vida ou a morte. Escolhamos a vida!

Deixemos agora que Elias nos tome pela mão e nos desafie a nos refugiarmos na graça!

INTRODUÇÃO

Na vasta galeria de personagens bíblicos que marcaram a história, poucos emergem com a força dramática e o impacto espiritual de Elias, o profeta tesbita. Sua figura ergue-se como um farol em meio às trevas de uma das épocas mais sombrias da história de Israel, quando a nação havia se desviado perigosamente dos caminhos do Senhor, abraçando a idolatria e a corrupção moral que caracterizavam os cultos pagãos de Baal e de Aserá.

Este livro convida a uma jornada fascinante através da vida e do ministério de um homem que, embora sujeito às mesmas fraquezas e limitações humanas que todos enfrentamos, tornou-se um instrumento poderoso nas mãos do Altíssimo. Elias não era um super-herói da fé, imune ao medo, à dúvida ou ao desânimo. Pelo contrário, as Escrituras revelam um homem "semelhante a nós, sujeito aos mesmos sentimentos" (Tiago 5:17), o qual experimentou momentos de triunfo impressionantes e períodos de profunda depressão.

O tema que permeia toda a narrativa de Elias é a manifestação simultânea do juízo e da graça de Deus. Mediante a vida desse profeta extraordinário, somos confrontados com uma verdade fundamental sobre o caráter divino: Deus é, ao mesmo tempo, infinitamente misericordioso e o Juiz justo que não pode tolerar o pecado. Essa dualidade não representa uma contradição na natureza divina, mas, sim, a expressão perfeita de sua santidade e amor.

Elias surge no cenário bíblico como o agente divino que demonstra tanto a severidade quanto a bondade de Deus. Quando a nação se entrega à idolatria e à perversão moral, é por meio de Elias que Deus manifesta seu juízo, fechando as comportas do céu por três anos e meio, e trazendo seca e fome sobre a terra. Contudo, é também por meio desse mesmo profeta que a graça divina se revela de forma extraordinária: na provisão miraculosa para a viúva de Sarepta, na ressurreição de seu filho e por fim na restauração das chuvas que trariam vida novamente à terra ressequida.

Essa tensão dinâmica entre juízo e graça não é um tema teológico abstrato, mas uma realidade prática que se manifesta em cada geração. Pela experiência de Elias, somos confrontados com a necessidade urgente de escolher entre dois caminhos: o caminho da submissão à vontade divina, que conduz à vida e à bênção, ou o caminho da rebelião e da autonomia humana, que inevitavelmente leva ao juízo e à destruição.

O propósito fundamental deste livro não é apresentar uma distante biografia histórica de Elias, mas um espelho no qual possamos examinar nossa própria jornada espiritual. Por meio do estudo cuidadoso de cada episódio da vida do profeta, buscamos extrair princípios eternos que possam orientar e transformar nossa caminhada com Deus.

Em primeiro lugar, nosso objetivo é demonstrar como Deus usa homens e mulheres comuns, com todas as suas limitações e imperfeições, para realizar seu maravilhoso propósito na terra. A vida de Elias ensina que não é a ausência de fraquezas que nos qualifica para o serviço divino, mas, sim, nossa disposição de nos rendermos completamente à vontade do Senhor, permitindo que sua força se aperfeiçoe em nossa fraqueza.

Em segundo lugar, desejamos explorar o poder transformador da oração na vida do crente. Elias foi, acima de tudo, um homem de oração. Sua capacidade de influenciar o curso da história nacional não derivava de sua eloquência natural ou de sua força física, mas de sua intimidade com Deus. Com seu exemplo, somos desafiados a redescobrir essa dimensão fundamental da vida cristã que, infelizmente, tem sido negligenciada por muitos em nossa geração.

Em terceiro lugar, buscamos ilustrar como a fidelidade a Deus muitas vezes nos coloca em conflito direto com os valores e práticas da sociedade ao redor. Elias viveu em uma época não muito diferente da nossa: cheia de sincretismo religioso e de corrupção moral. Sua coragem em confrontar o rei Acabe e os profetas de Baal nos desafia a manter a integridade espiritual mesmo quando isso significa nadar contra a corrente da opinião popular.

Por último, desejamos mostrar como Deus prepara e treina seus servos por meio de diversas circunstâncias da vida. A jornada de Elias inclui períodos de esconderijo e solidão, momentos de confronto público e de vitória espetacular, experiências de provisão sobrenatural e temporadas de aparente abandono. Cada uma dessas fases contribuiu para moldar o caráter do profeta e prepará-lo para cumprir seu destino divino.

Pastores, líderes religiosos e estudantes de teologia encontrarão neste livro um material valioso para a preparação de sermões, de estudos bíblicos e de aulas sobre o Antigo Testamento em geral e sobre o profeta Elias em particular.

Aqueles que ocupam posições de liderança, no âmbito secular ou religioso, podem aprender valiosas lições sobre coragem moral, integridade pessoal e fidelidade aos princípios divinos, mesmo quando isso implica custos pessoais significativos. A vida de Elias demonstra que a verdadeira liderança não se mede pela popularidade ou pelo sucesso imediato, mas pela fidelidade aos valores eternos.

Jovens cristãos que estão buscando modelos de fé autêntica e de coragem espiritual descobrirão em Elias um exemplo inspirador de como viver para Deus em meio a uma geração perversa e corrupta. Sua vida demonstra que é possível manter a integridade espiritual mesmo quando somos a minoria, e que Deus honra aqueles que o honram, independentemente das circunstâncias adversas.

Cristãos maduros que passam por períodos de desânimo ou de depressão espiritual encontrarão consolo e encorajamento na experiência de Elias sob o zimbro, quando pedia para morrer. A forma de Deus tratar com seu servo naquele momento de fragilidade oferece esperança e direcionamento para todos os que enfrentam batalhas similares.

A estrutura desta obra segue uma progressão cronológica e temática através dos principais episódios da vida dessa grande profeta, conforme registrados nos livros de 1 e 2Reis. Cada capítulo foi cuidadosamente elaborado para destacar aspectos específicos do caráter e do ministério do profeta, oferecendo aplicações práticas para a vida cristã.

O primeiro capítulo, "Elias diante do Rei dos reis", estabelece o fundamento teológico de todo o livro, explorando a vida de oração do profeta e sua intimidade com Deus. Aqui descobrimos que o poder de Elias não residia em suas habilidades naturais, mas em sua comunhão com o Altíssimo. Esse capítulo ensina que, antes de falarmos aos homens, devemos falar com Deus.

"Elias diante do rei" (cap. 2) apresenta o dramático confronto entre o profeta e Acabe, demonstrando como a coragem espiritual se manifesta quando estamos firmados na Palavra de Deus. Esse episódio ilustra a tensão inevitável entre o reino de Deus e os reinos deste mundo, e como os servos do Senhor devem responder quando essas duas realidades entram em conflito.

Os capítulos seguintes nos conduzem através das diversas fases do treinamento divino na vida de Elias. "Elias é treinado por Deus no esconderijo" (cap. 3) revela como Deus usa períodos de isolamento e aparente inatividade para preparar seus servos para ministérios maiores. "Elias na fornalha de Deus" (cap. 4) explora as provações e dificuldades que Deus permite em nossa vida como instrumentos de purificação e de crescimento espiritual.

O clímax da narrativa é alcançado em "Elias no campo de batalha" (cap. 5), no qual testemunhamos o espetacular confronto no monte Carmelo entre o profeta de Deus e os profetas de Baal. Esse episódio demonstra de forma dramática a superioridade absoluta do Deus verdadeiro sobre todos os ídolos e falsos deuses que competem pela adoração humana.

"Elias triunfa em oração" (cap. 6) nos leva ao momento em que o profeta intercede pela restauração das chuvas, ilustrando o poder da oração perseverante e da fé inabalável. Contudo, a narrativa não termina em triunfo, pois o capítulo seguinte, "Elias enfrenta uma depressão" (cap. 7), nos mostra a humanidade do profeta e como até mesmo os gigantes da fé podem experimentar momentos de profundo desânimo.

"Elias, o inimigo do rei" (cap. 8) retrata o confronto direto entre o profeta Elias e o rei Acabe, que o acusa de ser o perturbador de Israel. Na verdade, Elias não era inimigo do povo nem do rei, mas, sim, da idolatria e do pecado que afastavam a nação de Deus. Ele denuncia a inversão moral do governo de Acabe, que se havia desviado da verdade e transformado o mal em bem. Vemos a coragem de Elias ao dizer a verdade a um poderoso, mesmo quando isso o colocava em risco, o que nos ensina que o verdadeiro servo de Deus não busca agradar homens, mas ser fiel à Palavra, ainda que isso o torne impopular.

Os capítulos finais exploram a fase madura do ministério de Elias, incluindo seu relacionamento com Eliseu, seu sucessor, e, ao fim, sua transladação ao céu. "Elias e seu sucessor" (cap. 9) nos ensina sobre a importância do discipulado e da continuidade ministerial, enquanto "Elias, o mensageiro de Deus" (cap. 10) e "Elias, o carteiro de Deus" (cap. 11) revelam como o profeta continuou exercendo influência espiritual mesmo nos últimos anos de seu ministério terreno.

A obra culmina com "Elias é transladado ao céu" (cap. 12), um dos episódios mais incríveis de toda a Bíblia, que nos oferece uma perspectiva única sobre a eternidade e a recompensa daqueles que servem fielmente ao Senhor.

Como pastor e expositor das Escrituras há várias décadas, tenho tido o privilégio de estudar e ensinar a Palavra de Deus em diversos contextos e para audiências variadas. Minha paixão pelas biografias bíblicas nasceu da convicção de que Deus não nos deu esses relatos como meros registros históricos, mas como espelhos nos quais podemos ver refletidas nossas próprias lutas e vitórias espirituais. Em décadas de ministério pastoral, tenho observado como os princípios extraídos da vida de Elias podem transformar vidas e fortalecer a fé de homens e mulheres em todas as circunstâncias.

Esta obra é fruto não apenas de estudo acadêmico, mas também de experiência pastoral prática. As lições extraídas da vida de Elias foram testadas no laboratório da vida real, no aconselhamento pastoral, na pregação expositiva e na aplicação pessoal. Posso testemunhar que os princípios aqui apresentados não são meras teorias teológicas, mas verdades vivas que têm o poder de transformar vidas e fortalecer a fé.

Ao iniciar esta jornada pela vida de Elias, convido-o a fazer mais do que simplesmente ler sobre esse grande profeta. Encorajo-o a permitir que a história dele se torne um espelho no qual você possa examinar sua vida espiritual, identificando áreas que necessitam de crescimento e de transformação.

A vida de Elias nos confronta com questões fundamentais que cada geração deve enfrentar: "Como viver fielmente para Deus em meio a uma sociedade hostil aos valores cristãos? Como manter a integridade espiritual quando as pressões externas nos empurram em direção à transigência? Como encontrar força para continuar quando as circunstâncias parecem esmagadoras e o desânimo ameaça nos derrotar?".

Essas não são perguntas meramente acadêmicas ou retóricas. Refletem desafios reais que você e eu enfrentamos diariamente em nossa caminhada cristã. A vida de Elias oferece respostas práticas e esperança genuína para todos os que desejam viver de forma autêntica e impactante para a glória de Deus.

Permita que o Espírito Santo use esta obra para falar a seu coração, desafiando-o a uma vida de maior intimidade com Deus, de coragem espiritual mais profunda e de impacto mais significativo no mundo a seu redor. Que a jornada de Elias o inspire a descobrir o propósito único que Deus tem para sua vida e a cumpri-lo com a mesma paixão e dedicação que caracterizaram esse servo do Altíssimo.

É importante esclarecer que esta obra não pretende substituir o estudo pessoal das Escrituras ou a orientação pastoral individualizada. Pelo contrário, esperamos que ela sirva de estímulo para um estudo mais profundo da Palavra de Deus e de complemento ao discipulado cristão regular.

Que Deus use esta obra para sua glória e para o crescimento espiritual de todos os que vierem a lê-la de coração aberto e com um espírito ensinável. Que a vida extraordinária de Elias inspire uma nova geração de homens e mulheres a viverem com coragem, integridade e paixão pela glória do Rei dos reis e Senhor dos senhores.

CAPÍTULO 1

ELIAS DIANTE DO REI DOS REIS

Tiago, filho de Maria, irmão de Jesus e líder da igreja de Jerusalém, declara que "muito pode, por sua eficácia, a súplica do justo" (Tiago 5:16b). A oração a Deus por intermédio de Jesus é o instrumento mais poderoso na terra, pois tudo o que Deus pode fazer Ele faz em resposta à oração do justo. Para ilustrar essa verdade magna do cristianismo, Tiago diz:

> Elias era homem semelhante a nós, sujeito aos mesmos sentimentos, e orou, com instância, para que não chovesse sobre a terra, e, por três anos e seis meses, não choveu. E orou, de novo, e o céu deu chuva, e a terra fez germinar seus frutos (Tiago 5.17-18).

Quando a nação se desvia de Deus, os profetas de Deus devem orar e pregar. Israel afastou-se de Deus, e Elias apareceu no cenário para confrontar o rei, o povo e os profetas de Baal. Antes de falar aos homens, porém, Elias falou com Deus. Só prevalece em público diante dos homens quem primeiro prevalece em secreto diante de Deus. Só prega bem quem ora bem. Sem oração, não há poder e sem poder não há pregação eficaz. Por isso, Elias só falou poderosamente aos homens porque primeiro falou com Deus. Em uma demonstração do juízo divino, orou pedindo que não chovesse, e não choveu. Em uma demonstração da graça divina, orou pedindo que chovesse, e choveu.

Os crentes, embora sejam imperfeitos como Elias, podem também ter vitória na oração. Elias era homem sujeito aos mesmos sentimentos que povoam nossa alma — teve medo, fugiu, sentiu depressão, pediu para morrer —, mas era justo, e a oração do justo pode muito em sua eficácia (Tiago 5:16). O justo é aquele a quem Deus declara justo e a quem imputa sua justiça. O justo é aquele a quem Deus declara justo por causa da justiça de Cristo imputada a ele. A oração do justo pode muito em sua eficácia, não porque essa oração seja poderosa em si mesma. Ela não é. Poderoso é o Deus que responde à oração. Mesmo sendo soberano, Deus escolheu agir por meio da oração. Por isso, o poder da oração é o maior poder no mundo hoje. A história mostra o progresso da humanidade: poder do braço, poder do cavalo, poder da dinamite, poder da bomba atômica. Mas o maior poder é o poder de Deus por meio da oração. De que forma Elias orou?

Elias orou com instância e intensidade. A expressão "com instância" (Tiago 5:17) indica que Elias orou com todas as forças da alma. Pôs o coração na oração, e suas orações impactaram sua nação.

A história, desde os tempos mais remotos, está pontilhada pelo exemplo de homens e mulheres de Deus que dedicaram a vida à oração. *Abraão* cria na oração. Intercedeu por Ló, e Deus salvou o sobrinho da destruição de Sodoma e de Gomorra. *Moisés* cria no poder da oração. Por várias vezes, como no Sinai e em Cades-Barneia, colocou-se na brecha em favor do povo, e Deus poupou a vida de Israel em resposta a suas orações. *Josué* foi um líder de grande envergadura e esteve sempre de pé diante dos homens porque aprendeu a estar de joelhos diante de Deus. *Davi*, o grande rei e poeta de Israel, é conhecido como homem de oração. *Neemias*, o grande reformador da época pós-exílica, administrador ímpar, estrategista singular, estadista de espírito prático e valente, nada fazia sem antes orar a Deus.

O próprio Filho de Deus levou uma vida de intensa oração. Orou antes de tomar as grandes decisões de seu ministério. Orou na hora da tentação. Orou na hora da dor mais amarga do Getsêmani. Orou suspendido na cruz. Orou pelas madrugadas. Passou noites inteiras em oração. Ensinou-nos a orar sempre e a jamais esmorecer. Jesus continua intercedendo por suas ovelhas junto ao trono da graça. É o Advogado, o Justo, nosso grande Sumo Sacerdote.

Paulo, o grande apóstolo aos gentios, homem de mente peregrina e de cultura incomum, de teologia profunda e de vida piedosa, foi um dos homens mais poderosos na oração. Não admitia vida cristã sem oração. Ensinou-nos a orar sem cessar. Orava nas sinagogas, no Templo, nos lares, na praia, na prisão. Orou em liberdade e orou como prisioneiro. Orou com fervor, com lágrimas, com senso de urgência.

Assim como todos esses, Elias foi também homem de oração. Começa o ministério com a oração. Ora antes de pregar. É homem que anda na presença de Deus, tem intimidade com Deus e fala com autoridade da parte de Deus. Elias não apenas profere a palavra de Deus, mas é boca de Deus. A palavra de Deus em sua boca é verdade, pois, antes de falar em público diante dos homens, falava em secreto a Deus.

Os grandes homens de Deus na história, aqueles que influenciaram o mundo e realizaram grandes feitos para Deus, foram sem exceção homens de oração. Pais da igreja, como Policarpo, Ireneu e Agostinho, foram gigantes na oração. Pré-reformadores, como Jerônimo Savonarola, John Wycliffe e John Huss, foram tochas acesas na prática da oração. Os reformadores Martinho Lutero, João Calvino e João Knox gastavam horas por dia em oração. Puritanos que atingiram o ápice da piedade e da intelectualidade teológica, como João Owen, Ricardo Baxter e Jonathan Edwards, foram intrépidos na oração. Os avivalistas todos, como João Wesley, Jorge Whitefield, Dwight L. Moody, R. A. Torrey e Evan Roberts, foram exemplos de vida abundante de oração.

Grandes missionários, como William Carey, Hudson Taylor, David Brainerd, David Livingston, Carlos Studd, John Hyde, Adoniram Judson e tantos outros, foram homens poderosos na oração.

Sem oração não há cristianismo bíblico. Sem oração, o que sobra é racionalismo cristão e intelectualismo vazio e estéril. Você crê na oração? Você ora? Tem prazer na oração? Tem vitória na oração? Se crê na oração e se exercita nela, tem a seu lado uma nuvem de testemunhas, um exército incontável dos que viveram no mundo mas não eram do mundo, uma multidão de crentes verdadeiros que triunfaram com Deus e com os homens por meio da oração.

A igreja nasceu no berço da oração. O Pentecostes deu-se após uma reunião de oração de dez dias. A igreja primitiva perseverava em oração. Enfrentava os desafios, as perseguições, as ameaças e a própria morte com oração. Orava, e a terra tremia. Orava, e as portas da prisão eram abertas. Orava, e o evangelho avançava com poder. Os apóstolos dedicavam-se à oração e à Palavra (Atos 6:4). A igreja sempre andou mais rápido quando "caminhou" de joelhos. É tempo de restaurarmos o altar da oração em nossa vida. É tempo de clamarmos ao céu por derramamento do Espírito de súplicas!

Não basta saber os princípios bíblicos da oração; precisamos orar. Não basta ler livros sobre oração; precisamos orar. Não basta pregar sobre oração; precisamos orar. Sem oração abundante, a igreja torna-se fraca e sem poder. Sem oração, não há pregação poderosa. Sem oração, não há testemunho eficaz do evangelho. Sem oração, a igreja não cresce na graça e no conhecimento de Cristo. Quando perguntaram a Charles H. Spurgeon sobre a razão do poderoso crescimento de sua igreja em Londres, ele respondeu: "Minha igreja cresce porque ora por mim. Cresce porque ora intensamente. Nossas reuniões de oração, às segundas-feiras, com o templo cheio, são as reuniões mais importantes de nossa igreja. Essas reuniões são a usina de poder da igreja".

Convido o leitor a se matricular na escola da oração. Nosso mestre por excelência é o próprio Filho de Deus. Aprendamos a orar com Ele e por intermédio dele. Jesus não apenas falou de oração, Ele orou. Seu exemplo é um poderoso encorajamento para a igreja. Hoje falamos muito de oração, mas oramos pouco. Temos uma profunda teologia acerca da oração, mas não oramos. Falamos com vigor sobre o poder da oração, mas nossas reuniões de oração estão vazias. Citamos belos exemplos de homens e mulheres que se matricularam nessa escola e triunfaram pela oração, mas continuamos ausentes dela.

Não há poder sem oração. Não há unção do Espírito sem oração. Não há avivamento sem oração. Nenhuma obra importante de Deus é feita sem oração. Não há poder no púlpito onde há bancos vazios de oração. É conhecida a expressão "Muita oração, muito poder; pouca oração, pouco poder; nenhuma oração, nenhum poder", que reflete a pura verdade. E. M. Bounds disse, com razão, que homens mortos tiram de si sermões mortos, e sermões mortos matam. Sem oração, a pregação gera morte e não vida.

A igreja tem perdido esse senso de intimidade com Deus. Não anelamos mais pela presença dele. Estamos tão ocupados, que não sobra tempo para nos ocuparmos com Ele. Estamos tão satisfeitos, que não mais desejamos ardentemente os tesouros do céu. Estamos tão acomodados que não nos apressamos em buscar o Senhor. Os crentes encontram tempo para encontros sociais, mas não para frequentar reuniões de oração. As pessoas estão com a agenda tão cheia, que não priorizam a vida de oração. O ministério de Jesus foi muito intenso. Muitas vezes não tinha tempo para comer. Mas Jesus jamais dispensava seu tempo de oração. Jamais deixava de priorizar a oração.

Hoje nossas orações são centradas em nós mesmos: nossos desejos, necessidades e sonhos. São egoístas demais, humanistas demais, antropocêntricas demais. Temos fome de coisas, de prestígio, de saúde, de prosperidade. Oramos por nós mesmos. Nós mesmos, e não Deus, temos sido o centro de nossas orações. Oração não é uma espécie de *drive-thru*, onde fazemos nossos pedidos, somos atendidos e vamos embora, sem conhecer quem está nos atendendo. Oração é comunhão, relacionamento e intimidade com Deus. Elias era homem de oração. Tinha intimidade com Deus, andava na presença de Deus e orava ancorado nas promessas de Deus.

Se quisermos compreender a sublimidade da oração, temos de discernir que Deus é melhor que suas bênçãos e a comunhão com o Doador é melhor que suas dádivas.

As igrejas evangélicas da Coreia do Sul entenderam esse princípio. Nenhuma igreja era organizada sem uma reunião diária de oração. Mesmo debaixo do frio rigoroso do inverno, milhares de crentes lotavam os templos pelas madrugadas para buscar a Deus. Os pastores raramente subiam ao púlpito sem passar pelo menos duas horas em oração, rogando ao Pai o poder do Espírito Santo. A falta de poder no púlpito está diretamente associada à escassez de oração. Onde os joelhos não se dobram para orar, os púlpitos ficam desprovidos de poder. Sem oração, não há unção. Martinho Lutero estava correto quando dizia que sermão sem unção endurece o coração.

A presença manifesta de Deus é a maior necessidade da igreja. Certamente, a maior necessidade da igreja não são as bênçãos de Deus, mas o Deus das bênçãos. O Deus das bênçãos é melhor que as bênçãos de Deus. Infelizmente, por influência do humanismo idolátrico, a igreja contemporânea mudou sua ênfase. A pregação moderna afirma equivocadamente que o fim principal de Deus é glorificar o homem. O evangelho moderno ensina que é Deus quem está a serviço do homem e não o homem a serviço de Deus. O foco mudou. O que se prega hoje é que não é mais Deus a medida e o fim de todas as coisas, mas o homem. O homem trocou Deus pelas dádivas de Deus. As pessoas querem a salvação, e não o Salvador.

Querem os dons, e não o Doador. Querem coisas, e não Deus.

No passado, a presença de Deus era o bem mais precioso que os fiéis buscavam. Ele apareceu a Moisés no deserto do Sinai em uma sarça. Sua glória manifestou-se naquelas rochosas montanhas alcantiladas, e Moisés caiu com o rosto em terra. Mais tarde, no Egito, a presença de Deus revelou-se poderosa, quebrando o poder dos deuses egípcios e o orgulho de Faraó. O povo foi liberto pelo sangue do Cordeiro e protegido pela presença de Deus na coluna de fogo e na coluna de nuvem. A nuvem era o símbolo da presença de Deus. A presença de Deus dava direção de dia e proteção à noite.

A igreja necessita desesperadamente da presença de Deus. Nossa vida será vazia, nossos cultos sem vida, nossas músicas sem unção e nossas mensagens mortas, se Deus não estiver presente. Muitas vezes confundimos a onipresença de Deus com sua presença manifesta. Deus está em toda parte, mas não está em toda parte com sua presença manifesta. Quando Deus está entre seu povo, isso é notório, como quando Jacó acordou em Betel, tremendo, e disse: "Quão temível é este lugar! É a casa de Deus, a porta dos céus" (Gênesis 28:17).

Muitas vezes, dizemos às pessoas que Deus está entre nós. Elas vêm, mas não veem Deus. Então chegam à conclusão de que fazemos propaganda enganosa. Dizemos que há pão na casa do Pão, mas só temos receita de pão, fornos frios e prateleiras vazias.

Mais que conforto e saúde, precisamos da presença de Deus. Mais que prosperidade e riqueza, precisamos da presença de Deus. Mais que sucesso e influência, precisamos da presença de Deus. Só a presença de Deus satisfaz plenamente. Só a presença de Deus em nosso meio pode impactar o mundo.

Um dos estratagemas do diabo é manter-nos tão ocupados que não encontremos tempo para orar. Se Elias não fosse homem de oração, jamais teria força espiritual para confrontar o rei Acabe. Jamais teria coragem para ir até Sarepta, em Sidom, o quartel-general de Baal, terra natal de Jezabel. Se não fosse homem de oração, jamais teria orado pela ressurreição do filho da viúva. Se não fosse homem de oração, jamais teria desafiado a nação apóstata no monte Carmelo. Se não fosse homem de oração, jamais teria subido ao cume do Carmelo para orar pelas chuvas restauradoras. Se não fosse homem de oração, a história de Israel jamais teria sido como foi. Ele orou, e o céu não deu chuva; orou novamente, e o céu derramou chuvas restauradoras. Elias orou, e o morto ressuscitou. Orou, e o fogo caiu. Orou, e os milagres de Deus se tornaram notórios.

A força da oração é maior que qualquer combinação de esforços na terra. A oração move o céu, aciona o braço onipotente de Deus e desencadeia grandes intervenções divinas na história. Alguém já disse, com acerto: "Quando o homem trabalha, o homem trabalha; mas, quando o homem ora, Deus trabalha".

A oração não é um programa da igreja, do qual alguns participam e outros não. Ela é uma usina de poder que movimenta toda a igreja em sua caminhada vitoriosa. Todos os discípulos perseveraram unânimes em oração (Atos 1:14). Todos os novos convertidos em Jerusalém perseveravam na oração (Atos 2:42). E não apenas em Jerusalém, mas a oração tornou-se a prática revitalizadora da igreja em todo o mundo, em todos os tempos. Foi em uma reunião de oração da igreja em Antioquia da Síria que a obra missionária transcultural começou de forma programática (Atos 13:1-3). Foi em uma reunião de oração em Filipos que a igreja Ocidental teve seu início (Atos 16:13,14). É pelo poder de Deus mediante a oração que a igreja avança até aos confins da terra.

Não há avivamento espiritual sem oração. Sem oração, não há pregação poderosa. Sem oração, nossos cultos serão frios, nossas mensagens fracas, nossas músicas vazias e nossas reuniões infrutíferas.

Não há salvação dos perdidos sem oração, pois, se a fé vem pelo ouvir e o ouvir pela palavra de Cristo, precisamos entender que sem oração a palavra de Deus não será verdade em nossa boca. Sem oração, seremos geazis. O bordão profético em nossas mãos não ressuscitará os mortos. Sem oração, nossos lábios não passarão de lábios de barro. Só a oração abre caminho para a plenitude do Espírito Santo. Só a oração inflama os corações. Só a oração nos torna tochas acesas nas mãos de Deus. Só a oração nos capacita a fazer a obra de Deus.

Os patriarcas oraram. Os profetas oraram. Os apóstolos oraram. Os pais da igreja oraram. Os reformadores oraram. Os avivalistas oraram. Nós também devemos orar. O próprio Jesus dedicou a vida à oração enquanto viveu entre nós. Agora está à destra de Deus orando por nós. O Espírito Santo, o Deus que habita em nós, ora por nós ao Deus que está sobre nós. A oração deve ser reconduzida ao centro de nossa vida. A oração deve estar no topo de nossa agenda.

CAPÍTULO 2

ELIAS DIANTE DO REI

As glórias dos reinados de Davi e de Salomão haviam se apagado. Já havia mais de seis décadas que Salomão tinha morrido e seu reino estava dividido. No Reino do Norte já haviam passado pelo poder os reis Jeroboão, Nadabe, Baasa, Elá, Zinri e Onri. Agora, Acabe, o pior rei de Israel, estava no poder. Os anos passavam, mas Israel continuava sua marcha fúnebre rumo ao colapso político, econômico, moral e espiritual. Idolatria, conspiração, assassinato e suicídio eram as marcas tristes dos monarcas que subiram e desceram do trono. Derramamento de sangue e assassinatos, conspirações e maldades, intriga e imoralidade, traição e engano, ódio e idolatria — tudo isso prevaleceu por seis sombrias décadas em Israel.

A nação de Israel dava passos largos e resolutos em direção ao caos. Os 19 reis e as 8 dinastias que governaram em um período de 209 anos (931-722 a.C.) foram marcados por uma sucessão de ambição, idolatria, traições e assassinatos. Nas palavras de Charles Swindoll, era "um assassino dando lugar a outros. Um assassino matando outro assassino. Um matador em série assumindo a posição de outro. Uma linhagem de homens sem Deus que se sentou no trono e não parou de fazer o que era mau perante os olhos do Senhor".[1]

Como se não bastasse Acabe ter sido o pior rei, ainda estava casado com a pior mulher do mundo, Jezabel. Ela era assassina, feiticeira e mandona. Foi ela quem introduziu o baalismo em Israel à força da espada, e perseguiu de forma cruel os profetas de Deus, mostrando-se decidida a extinguir no Reino do Norte a verdadeira adoração ao Deus vivo (1Reis 18:4).

É digno de nota que não tenhamos a menção do nome das esposas dos reis de Israel. Por que o nome de Jezabel é então mencionado? Charles Swindoll sugere duas razões: 1) porque ela era o parceiro dominante no casamento; 2) porque ela foi a precursora da adoração a Baal.[2] A verdadeira adoração a Baal não havia encontrado eco entre os israelitas até ser introduzida por meio do casamento de Acabe com Jezabel. Essa mulher perversa trouxe na bagagem sua herança religiosa: a adoração idólatra a Baal.

Essa mulher era uma enviada de Satanás, que exibia todas as marcas de uma possessão demoníaca. Ela trouxe de Sidom o baalismo e estava determinada a implantá-lo em Israel à força da baioneta. Baal era adorado como o deus da chuva e da fertilidade, aquele que controlava as

[1] SWINDOLL, Charles R. *Elias*, p. 25.

[2] SWINDOLL, Charles R. *Elias*, p. 26.

estações do ano, as colheitas e a terra. Israel, que já estava prostrado diante dos bezerros de ouro implantados por Jeroboão, agora também está curvado diante de Baal. A nação corrompeu-se profundamente, tanto espiritual como moralmente.

O governo do rei Acabe não foi apenas de apostasia, mas de perseguição religiosa e opressão política. Acabe e Jezabel não apenas impuseram um culto pagão em Israel, mas também perseguiram e mataram os profetas de Deus. O baalismo tornou-se a religião oficial. Não se dobrar diante desse ídolo abominável era encrencar-se com o Estado. Não adotar a religião imposta era candidatar-se à morte.

É nesse caos político e religioso que Deus levanta, de forma abrupta, não um partido político ou um novo grupo religioso, mas um homem, que vai confrontar o rei, o povo e os profetas de Baal. Quem é esse homem? Elias!

Tony Merida diz que Elias é um gigante espiritual, um homem semelhante a Moisés e a João Batista, e um homem semelhante a nós.[3] Assim como Moisés, Elias apareceu na transfiguração de Jesus (Mateus 17:3). Como Moisés, precisou se esconder da fúria do rei (1Reis 17:2-6; 18:10; Êxodo 2:15). Como Moisés desafiou Faraó, Elias desafiou Acabe. Como Moisés, experimentou a rica provisão de Deus em tempo de sequidão. Como Moisés, passou quarenta dias no monte Horebe. Como Moisés,

[3] MERIDA, Tony. *Christ-Centered Exposition — 1 & 2 Kings*, p. 99.

sentiu o fardo de seu povo a ponto de desejar a morte. Apesar dessas semelhanças com o grande libertador, intercessor e legislador Moisés, Elias era homem semelhante a nós (Tiago 5:17,18). Agora, se Elias era semelhante a nós, deveríamos nós ser semelhantes a ele!

É importante destacar, ao prosseguirmos, que a ênfase principal não é o homem Elias, mas a palavra de Deus. Quando Elias abre a boca e profere a palavra de Deus, é o próprio Deus falando. Deus fala a ele, e ele obedece (1Reis 17:2,5; 17:8-20; 18:1,2). Deus fala por meio dele, e o juízo vem, retendo chuva e orvalho. Deus fala por meio dele, e a provisão chega (1Reis 17:10-16). Deus atende à oração dele, e a morte bate em retirada (1Reis 17:19-24). Elias é um homem semelhante a nós, mas um homem eficaz na oração (Tiago 5:17,18). Elias orava, e os céus se fechavam; tornava a orar, e os céus se abriam.

Warren Wiersbe diz acertadamente que Elias é figura importante também no Novo Testamento. João Batista veio no espírito e no poder de Elias (Lucas 1:17), e alguns do povo chegaram a pensar que era ele mesmo o Elias prometido (João 1:21; Malaquias 4:5,6; Mateus 17:10-13). Elias estava com Moisés e Jesus no monte da Transfiguração (Mateus 17:3).[4] O texto de 1Reis 17 e 18 registra sete milagres realizados ou experimentados por Elias: 1) seca por toda a terra (17:1); 2) alimento trazido por pássaros (17:2-7); 3) alimento brotando de recipientes vazios

[4] WIERSBE, Warren W. *Comentário bíblico expositivo*, vol. 2, p. 462.

(17:8-16); 4) vida para um menino morto (17:17-24); 5) fogo do céu (18:1-40); 6) retorno das chuvas (18:41-45); 7) forças para a viagem (18:46).[5]

Como afirma Tony Merida, com igual acerto, o aparecimento de Elias se dá no contexto de uma apostasia nacional e seu *background* é de total obscuridade.[6] Ele é um joão-ninguém, procedente de um lugar inexpressivo, de família desconhecida, sem nenhuma titulação acadêmica, mas vai abalar as estruturas da sua nação. Deus é especialista em chamar os que não são para envergonhar os que são. O apóstolo Paulo escreve:

> Irmãos, reparai, pois, na vossa vocação; visto que não foram chamados muitos sábios segundo a carne, nem muitos poderosos, nem muitos de nobre nascimento; pelo contrário, Deus escolheu as coisas loucas do mundo para envergonhar os sábios e escolheu as coisas fracas do mundo para envergonhar as fortes (1Coríntios 1:26,27).

Passo agora a ressaltar alguns dados importantes sobre o profeta Elias.

Em primeiro lugar, *seu nome* (1Reis 17:1). O nome "Elias" significa "meu Deus é Yahweh" ou "Yahweh é meu

[5] WIERSBE, Warren W. *Comentário bíblico expositivo*, vol. 2, p. 463-468.

[6] MERIDA, Tony. *Christ-Centered Exposition — 1 & 2 Kings*, p. 99.

Deus". R. N. Champlin diz que o nome Elias é composto de dois nomes divinos: *El* e *Yah*. O primeiro significa "poder"; o segundo é uma abreviação de Yahweh.[7] Seu nome era sua profissão de fé. Donald Wiseman afirma que Elias é portador de um nome que representa sua mensagem.[8] Para uma nação que estava adorando Baal, o nome do profeta já consistia em oposição ao culto pagão estabelecido pela casal real. O nome de Elias, "Yahweh é meu Deus", é a resposta para a apostasia da nação.

Em segundo lugar, *sua procedência* (1Reis 17:1). A origem de Elias desfere um golpe no orgulho dos poderosos. Elias aparece no texto bíblico sem menção alguma a pai, mãe ou árvore genealógica. Isso mostra que não procedia de família aristocrática nem fazia parte da classe sacerdotal. Não vinha de uma escola de profetas nem vivia em Samaria, o centro nevrálgico do poder. Elias procedia de Tisbé, lugarejo sem nenhuma projeção, encrostado nas cordilheiras de Gileade, treze quilômetros a norte de Jaboque.[9] Gileade era um lugar árido, solitário e sem sofisticação. Harvey Finley acredita, porém, que esse local nunca foi satisfatoriamente reconhecido.[10] Nas

[7] CHAMPLIN, R. N. *O Antigo Testamento interpretado versículo por versículo*, vol. 2, p. 831.

[8] WISEMAN, Donald J. *1 e 2 Reis: introdução e comentário*, p. 144.

[9] WISEMAN, Donald J. *1 e 2 Reis: introdução e comentário*, p. 145.

[10] FINELY, Harvey E. *Os livros dos reis*. Comentário Bíblico Beacon, vol. 2, p. 330.

palavras de Charles Swindoll, "embora Elias tenha vindo desse lugar insignificante — ou seja, do meio do nada — ele fez tal contribuição para o plano de Deus e para o seu povo que se tornou um dos heróis mais famosos de Israel".[11]

Elias apareceu repentinamente, como um meteoro que iluminou o escuro céu da noite espiritual de Israel. Era desconhecido, de família desconhecida, de um lugar desconhecido, mas fora levantado por Deus. Na verdade, Deus não precisa de "estrelas" para realizar sua obra. Um dos grandes problemas da igreja contemporânea é que existem "estrelas" demais, gente que se acha importante demais. A igreja evangélica brasileira comete o pecado da tietagem em relação a pregadores e cantores, tratando-os como ícones e astros de cinema. É preciso alçar a voz e dizer que na igreja de Deus não existem ícones nem astros. Todos estão nivelados no mesmo patamar. Todos são servos. Na igreja de Deus, só há um que deve receber honra e glória, e este é Jesus. Ele é o Sol da Justiça, a brilhante Estrela da Manhã. É preciso declarar, com absoluta clareza, que as estrelas só brilham quando o Sol não está brilhando. Quando o Sol está brilhando, não há espaço para as estrelas brilharem. Quando Jesus, o Sol da Justiça, está brilhando, não há espaço para homens brilharem.

[11] SWINDOLL, Charles R. *Elias*, p. 19.

Em terceiro lugar, *sua coragem* (1Reis 17:1). Elias sai do anonimato para o estrelato, pois começa seu ministério no palácio do rei, pregando para o rei. Muitos de nós jamais entrarão em um palácio para pregar a um rei. Elias, corajosamente, sem rodeios e sem observar protocolos, confronta o perverso rei Acabe com uma palavra de juízo. Não teme a carranca do monarca idólatra nem se intimida com as ameaças de sua mulher assassina. Segundo Charles Swindoll, "as palavras de Elias parecem até triviais, mas não se esqueça de que ele estava balançando o punho bem diante da cara do diabo. Ele estava pondo as coisas em pratos limpos".[12] Uma vez que o rei Acabe tinha se curvado a Baal, ídolo conhecido como padroeiro da prosperidade, Deus haveria de fechar as comportas do céu a fim de reter as chuvas e o orvalho. A economia do reino entraria em colapso, e Baal cairia em descrédito.

Philip Graham Ryken destaca que, na época de Elias, uma seca não era simplesmente um desastre natural aleatório, mas uma punição específica ao povo de Deus por causa de seus pecados. De acordo com a lei de Deus (Deuteronômio 11:16,17), a seca era a punição adequada pela prática da idolatria pagã.[13] Harvey Finley ainda destaca que Elias era aquele mensageiro extremamente necessário ao conflito entre a verdadeira religião, com seu padrão de vida virtuosa, e o culto a Baal, com sua

[12] SWINDOLL, Charles R. *Elias*, p. 30.

[13] RYKEN, Philip Graham. *1 Reis*, p. 413.

ênfase na devassidão.[14] As palavras de Ronald Wallace são consoladoras:

> Não precisamos nos desesperar quando vemos grandes movimentos do mal alcançar sucesso espetacular nesta terra, pois podemos ter certeza de que Deus, em locais inesperados, já preparou secretamente seu movimento contrário. Deus sempre tem seus meios de operar secretamente para solapar a estabilidade do mal. Deus pode levantar homens para seu serviço a partir do nada. Portanto, a situação nunca é desesperadora quando Deus está envolvido. Sempre que o mal floresce, é de um modo superficial, porque, no momento de maior triunfo do mal, Deus estará lá, pronto com seu homem, seu movimento e seus planos para assegurar que sua própria causa nunca será malsucedida.[15]

Em quarto lugar, *sua autoridade* (1Reis 17:1). "... tão certo como vive o Senhor, Deus de Israel, perante cuja face estou...". O segredo da autoridade de Elias estava no fato de ele andar na presença de Deus. O Senhor pode levantar um homem e mudar a história de uma nação, como aconteceu com Liziw Toderic na Romênia, em 25 de dezembro de 1989; com John Knox na Escócia, em

[14] FINLEY, Harvey E. *Os Livros dos Reis.* Comentário Bíblico Beacon, vol. 2, p. 329.

[15] WALLACE, Ronald. *Elijah and Elisha*, p. 3.

1559; com João Wesley na Inglaterra, em 1739; e com Elias em Israel, nos dias do rei Acabe. A maior necessidade que temos hoje é de homens que conheçam a intimidade de Deus e andem na presença dele. Muitos falam sobre Deus, mas não andam com Ele. Por estar na presença de Deus, Elias enfrentou, com galhardia, a corte mais corrupta da terra. Por ter intimidade com Deus, não se acovardou em confrontar o sistema mais perverso da terra. Por ter autoridade espiritual, desafiou os portões do inferno, trazendo da parte de Deus uma mensagem de juízo conforme preceituava a aliança (Deuteronômio 28:22-24).

Em quinto lugar, *sua mensagem de juízo* (1Reis 17:1). Porque Elias cria na palavra do Senhor, orou sobre o assunto, proclamou a Palavra e a ela obedeceu. Colocou-se diante do rei Acabe e foi direto ao ponto. Levantou o dedo em riste na cara do Diabo. Declarou ao rei Acabe a existência do Senhor e o compromisso que o profeta tinha com Ele, pois vivia perante a face de Deus. Por isso, com autoridade, proclamou a mensagem de juízo: "nem orvalho nem chuva haverá nestes anos, segundo a minha palavra" (1Reis 17:1). John Bimson diz que o ato de segurar a chuva não era apenas um castigo divino; era o primeiro movimento em uma disputa que revelaria o poder de Yahweh e a impotência de Baal.[16]

[16] BIMSON, John. J. *1 e 2 Reis*, p. 545.

Elias era boca de Deus. Orava, e as portas do céu se fechavam. Trancava as portas do céu com a chave da fé e andava com a chave no bolso. Orava, e as chuvas eram retidas, os garçons trabalhavam, o azeite da viúva se multiplicava, a morte batia em retirada, o fogo caía, os céus derramavam chuva. Agora Elias enfrenta o rei, traz uma mensagem de juízo à nação e desbanca a credibilidade de Baal. Semelhantemente, é conhecida a declaração de Maria Stuart, rainha da Escócia, acerca de John Knox: "Eu temo mais as orações de John Knox do que os exércitos da Inglaterra". Acabe e Jezabel deveriam ter tido a mesma atitude!

Baal era considerado a divindade que controlava os trovões, as chuvas e as estações do ano. Quando o povo colhia os frutos da terra e via as ovelhas dando cria, tudo isso era atribuído a Baal. No entanto, a seca severa que viria nos próximos três anos e meio, em resposta às orações de Elias (Tiago 5:17; Lucas 4:25), quebraria as pernas de Baal. Para uma cultura agropastoril, a retenção das chuvas e do orvalho representava o colapso da economia. Como diz Donald Wiseman: "Fica evidente o poder e o controle de Yahweh em contraste com a ineficácia de Baal, o deus cananeu da chuva".[17] Nas palavras de Dale Ralph Davis,

> Elias está dizendo que Yahweh vai infligir as maldições da aliança sobre Israel por ele ter quebrado a

[17] WISEMAN, Donald J. *1 e 2 Reis: introdução e comentário*, p. 145.

> aliança. Moisés havia advertido que, se Israel adorasse outros deuses, Yahweh iria, entre outras coisas, fechar "os céus de modo que não haja chuva e a terra não produza o seu fruto" (Deuteronômio 11:16,17). Além disso, Elias anuncia uma restrição sobre o orvalho e a chuva antecipadamente [...]. O adiamento da chuva também golpeia o alegado talento de Baal. A restrição de orvalho e chuva por Elias constitui um desafio a Baal. Se ele não consegue ser efetivo na área de sua perícia, na sua especialidade, sua reputação sofrerá um golpe abalador. A divindade de Baal murchará à medida que as fendas nos campos se tornarem mais largas. Elias está simplesmente afirmando que Yahweh decidiu fechar a torneira de Baal. Yahweh decretou que Baal será eclipsado.[18]

Em sexto lugar, *sua convicção* (1Reis 17:1). Por que Elias tem tanta certeza? O texto não responde, mas a resposta está em Tiago 5:17: "Elias orou com instância para não chover e não choveu". Antes de se apresentar diante do rei, Elias prostrou-se diante do Rei dos reis. Antes de prevalecer em público pela pregação, prevaleceu em secreto na oração. Elias surge como homem de oração com a rapidez de um relâmpago. Como diz Philip Graham Ryken, antes de Elias falar com Acabe, falou com Deus. Antes de o profeta chegar aos portões do palácio de Samaria, ficou em seu quarto de oração, em Gileade.

[18] DAVIS, Dale Ralph. *1 e 2 Reis*, p. 204-205.

Antes de se postar diante do rei de Israel, ficou de joelhos diante do Rei dos reis.[19] A. W. Pink levanta uma questão intrigante: "Por que Elias orou para que não chovesse?". Resposta:

> Não porque ele era imune ao sofrimento humano, não porque sentia um prazer mórbido em testemunhar a miséria de seus vizinhos, mas porque colocava a glória de Deus acima de tudo, acima mesmo de seus próprios sentimentos naturais. Elias era "zeloso do Senhor, Deus dos Exércitos" (19:10), e desejava muito ver o grande nome deste vindicado; e seu povo de apóstatas, restaurado. Assim foi a glória de Deus e o verdadeiro amor por Israel que motivou sua oração.[20]

É triste constatar que nossa geração separou a academia da piedade e a pregação da oração. Temos gigantes do saber no púlpito que são nanicos na vida de oração. Gente que conhece a respeito de Deus, mas não conhece a intimidade com Deus. Só prevaleceremos em público diante dos homens se prevalecermos em secreto diante de Deus. Não podemos separar o que Deus uniu: oração e pregação. Os apóstolos entenderam esse princípio quando disseram: "Quanto a nós, nos consagraremos à oração e ao ministério da palavra" (Atos 6:4).

[19] RYKEN, Philip Graham. *1 Reis*, p. 414.

[20] PINK, A. W. *The life of Elijah*, p. 27.

Charles Swindoll, fazendo uma aplicação dessa passagem de 1Reis, diz que podemos extrair três lições importantes. A primeira é que Deus busca pessoas especiais em tempos difíceis. Não encontrou esse homem no palácio nem na corte. Não o encontrou na escola de profetas nem mesmo na classe sacerdotal. Deus o encontrou em Tisbé. Elias era um homem de firmeza pétrea, capaz de arrostar as autoridades mais perversas de sua nação e confrontá-las em nome do Senhor. A segunda lição é que os métodos de Deus normalmente são surpreendentes. Deus não levantou um exército para destruir Acabe e Jezabel. Levantou um profeta, um homem desconhecido, de uma terra desconhecida, de família desconhecida. A terceira lição é que Deus usa poderosamente os que se colocam diante dele.[21] Como já dizia E. M. Bounds, piedoso metodista do século 19, hoje estamos à procura de melhores métodos, mas Deus está à procura de melhores homens. Deus não unge métodos, Deus unge homens. Que sejamos os novos Elias de Deus desta geração!

[21] SWINDOLL, Charles R. *Elias*, p. 31-33.

CAPÍTULO 3

ELIAS É TREINADO POR DEUS NO ESCONDERIJO

Deus ordena que Elias saia do palácio e se esconda em Querite. A rainha estava matando os profetas de Deus (1Reis 18:4), e o rei estava prestes a emitir um mandado de busca para Elias em Israel e nas nações vizinhas (1Reis 18:10). Concordo com John Bimson quando diz que a fuga de Elias para um desfiladeiro isolado sugere que ele corria perigo, mas só em 1Reis 18:4 descobrimos a natureza desse perigo: Jezabel havia se lançado a um extermínio sistemático dos profetas de Yahweh.[1]

Não se trata aqui de mera fuga do profeta. Como bem destaca Dale Ralph Davis, quem está se retirando de perto do povo do Senhor é o portador de sua palavra. O desaparecimento de Elias significa a ausência da palavra de Deus na vida de Israel. O juízo de Israel, portanto, passa pela secura da terra e pelo silêncio do Senhor. As Escrituras sempre tratam a retirada da palavra de Deus e o silêncio de sua voz como um juízo agonizante

[1] BIMSON, John J. *1 e 2 Reis*, p. 545.

(1Samuel 28:6,15; Salmos 74:9; Amós 8:11,12).[2] Passaremos agora a destacar alguns aspectos relevantes sobre esse afastamento.

Em primeiro lugar, *sua obediência a Deus* (1Reis 17:2,3,5). Tendo Elias entregado a mensagem do Senhor ao rei Acabe, o próprio Senhor o tira de cena, arrancando-o do palácio e enviando-o ao deserto. A ordem de Deus é expressa: "Veio-lhe a palavra do Senhor, dizendo: Retira-te daqui, vai para o lado oriental e esconde-te junto à torrente de Querite, fronteira ao Jordão" (1Reis 17:2,3). Elias não questiona a ordem divina nem protela a decisão. Obedece sem tardança: "Foi, pois, e fez segundo a palavra do Senhor..." (1Reis 17:5). A obediência foi uma marca desse profeta gileadita (1Reis 17:2-5; 17:8-10; 18:1,2). A agenda de Elias é a agenda de Deus. O Senhor não quer ativismo; quer obediência. Harvey Finley acerta quando diz que o Senhor não está preso, como o homem, a uma forma habitual de fazer as coisas. O deserto para onde Deus ordenou que Elias se isolasse durante o período da seca seria seu campo de treinamento.[3] Nas palavras de Charles Swindoll, enquanto optaríamos por deixar Elias ali, bem diante do nariz de Acabe, Deus escolheu outro plano. Deus o enviou imediatamente para um lugar de isolamento, escondido de todo o mundo, onde não apenas

[2] DAVIS, Dale Ralph. *1 e 2 Reis*, p. 209.

[3] FINLEY, Harvey E. *Os Livros dos Reis.* Comentário Bíblico Beacon, vol. 2, p. 330.

seria protegido de perigos físicos, mas também seria bem preparado para uma missão ainda maior.[4]

Em segundo lugar, *seu preparo longe dos holofotes* (1Reis 17:3). Deus mandou que Elias se escondesse em uma região desértica, onde havia apenas um filete de água. Sair de debaixo dos holofotes, afastar-se das luzes da ribalta é tudo o que um profeta não gostaria de fazer. O pregador gosta de multidão e não de solidão. Gosta de aparecer e não de se esconder. Gosta de lugares públicos e não do deserto. O deserto não nos promove; ele nos humilha. O deserto não nos coloca em destaque, nos esconde. O deserto não acende os faróis da fama; apaga-os. O deserto, porém, não é um acidente de percurso na caminhada da vida, mas uma agenda de Deus. A solidão e o silêncio eram escolas de treinamento para Elias. Deus tinha duas razões para mandá-lo se esconder. Primeiramente, queria proteger Elias de Acabe. Em segundo lugar, queria treinar Elias para que fosse um homem de Deus. Nossa maior prioridade na vida não é fazer a obra de Deus, mas ter comunhão com o Deus da obra. O Deus da obra é mais importante que a obra de Deus. O Deus da obra vem antes da obra de Deus. Vida com Deus precede trabalho para Deus. É um grande perigo pôr a obra de Deus no lugar do Deus da obra. Charles Swindoll alerta: "É triste vermos com que facilidade fazemos do próprio

[4] SWINDOLL, Charles R. *Elias*, p. 39.

serviço que Deus nos confiou um pedestal sobre o qual mostramos a nós mesmos".[5]

O deserto da solidão é a escola de ensino superior do Espírito Santo, onde Deus treina seus líderes mais importantes. Moisés, Davi, Elias e Jesus foram treinados no deserto. É Deus quem nos matricula na escola do deserto. O deserto, porém, não nos promove; ele nos refina. Não acende sobre nós os holofotes do sucesso; apaga-os. Deus nos leva para o deserto para trabalhar em nós antes de trabalhar por meio de nós. Deus está mais interessado em quem somos do que naquilo que fazemos. A vida do líder é a vida de sua liderança. Primeiro Deus trabalha em nós; depois trabalha por meio de nós. Na escola do deserto, não somos destruídos, mas fortalecidos. Nessa escola, Deus tonifica as musculaturas de nossa alma e nos prepara para os grandes embates da vida. Para prevalecer em público, é preciso ser treinado em secreto. Foi por isso que Elias estava pronto para servir ao Senhor tanto publica quanto reservadamente. Não lhe importava se estivesse sob as luzes da ribalta no palácio do rei ou no silêncio ensurdecedor do deserto. Elias estava satisfeito em estar perdido no meio do nada, desde que estivesse no centro da vontade de Deus.

Charles Swindoll diz que foi isso que aconteceu com John Bunyan lá nos idos do século 17, na Inglaterra. Ele pregou contra a impiedade de seus dias, e as autoridades

[5] SWINDOLL, Charles R. *Elias*, p. 44.

o lançaram na prisão. Seu riacho de liberdade e oportunidades secou. Mas, pelo fato de Bunyan crer que Deus estava vivo e ativo, transformou a prisão em lugar de louvor, serviço e criatividade quando começou a escrever *O peregrino*, a mais famosa alegoria em língua inglesa da história. Riachos secos não cancelam de modo algum o plano providencial de Deus. Muitas vezes os riachos fazem que os planos sejam revelados.[6]

Em terceiro lugar, *sua dependência do provedor* (1Reis 17:4-7). A direção de Deus inclui a provisão divina. Na escola do deserto, precisamos aprender a depender mais do provedor que da provisão. Deus mandou que Elias se escondesse em Querite com a promessa de que beberia de uma fonte prestes a secar e de que receberia pão e carne trazidos por garçons voadores. Elias dependia totalmente de Deus. Sua provisão vinha exclusivamente dele. Ou o Senhor o sustentaria, ou ele pereceria.

Deus é poderoso para usar meios não convencionais para sustentar seus servos. No caso de Elias, Deus usou três recursos incomuns.

Primeiro, usou os corvos para levar pão e carne a Elias (1Reis 17:4-7). Os corvos são aves imundas. Deveriam ser considerados abomináveis: "Das aves, estas abominareis [...] todo corvo, segundo a sua espécie" (Levítico 11:13,15). Ao cabo de quarenta dias, depois que cessaram as chuvas do Dilúvio, Noé abriu a janela que fizera na arca

[6] SWINDOLL, Charles R. *Elias*, p. 47.

e soltou um corvo, o qual, tendo saído, ia e voltava, até que se secaram as águas de sobre a terra (Gênesis 8:6,7). Nesse momento, o corvo não mais retornou, porque encontrou carcaças putrificadas. Deus usa uma ave imunda para levar pão e carne para Elias. Deus vira a mesa da história, quebra o protocolo, faz o inusitado, o insólito, o improvável. De onde você jamais esperaria a provisão, ela chega... em bicos de corvos.

Segundo, Deus usou uma viúva pobre e gentia de Sarepta, em Sidom, para sustentar Elias (1Reis 17:9). Essa viúva e seu filho estavam sem provisão, tendo apenas um bocado de farinha e de azeite para fazer a última refeição e morrer. Deus multiplicou a farinha em sua panela e o azeite em sua botija, provisão suficiente para sustentá-los até a chegada das chuvas. Nessa mesma cidade, cerca de oito séculos depois, Jesus disse à mulher de Tiro e Sidom que não é bom tomar o pão dos filhos e lançá-los aos cachorrinhos (Mateus 15:26), ao que ela respondeu: "Sim, Senhor, porém os cachorrinhos comem das migalhas que caem da mesa dos seus donos" (Mateus 15:27). Deus sustenta seus servos a partir da despensa vazia das viúvas. Mais uma vez, Deus faz o improvável, o incomum, o surpreendente. Usa quem não é para envergonhar os que são.

Terceiro, Deus usou o pão do anjo para fortalecer Elias (1Reis 19:1-8). Com o pão do anjo, Elias teve forças para caminhar quarenta dias e quarenta noites até Horebe, o monte de Deus. As três formas de provisão para Elias foram sobrenaturais. O Deus que envia é o Deus que sustenta. Ele age extraordinariamente no ordinário da vida e age sobrenaturalmente nas excepcionalidades da vida. O mesmo Deus de Elias é nosso provedor. As aves estão a seu serviço. As viúvas estão a seu serviço. Os anjos estão a seu serviço.

O texto de 1Reis 17:7 afirma que Elias estava onde Deus mandara que estivesse, fazendo o que Deus mandara que fizesse, e mesmo assim a fonte que o abastecia secou. É fácil confiar em Deus quando temos provisão e a água do ribeiro que nos sacia está jorrando. Que fazer, porém, quando os recursos acabam? Nosso ribeiro seca quando passamos por provas na vida, no casamento, nas finanças, na saúde, nas amizades.

R. N. Champlin acertadamente afirmou que o fim de uma coisa ocorre para que haja o começo de outra. Os fins tornam-se começos de novas manifestações. Os fins são apenas instrumentos de novos empreendimentos, de novos estágios.[7] Quando nossa fonte seca, Deus sabe onde estamos, para onde devemos ir e o que devemos fazer. Nossa fonte pode secar, mas os mananciais de Deus permanecem jorrando. Nossa despensa pode ficar vazia, mas os celeiros de Deus continuam cheios. Nessas horas, precisamos compreender que dependemos mais do provedor que da provisão. Como já afirmamos, a direção de Deus inclui a provisão de Deus.

[7] CHAMPLIN, R. N. *O Antigo Testamento interpretado versículo por versículo*, vol. 2, p. 832.

George Muller (1805-1898), evangelista cristão, fundador e diretor do orfanato Ashley Down, em Bristol, na Inglaterra, experimentou repetidos milagres da provisão divina ao cuidar de milhares de crianças órfãs. A comida para milhares de órfãos chegava muitas vezes minutos antes da hora de ser servida, embora as crianças nunca soubessem disso. Pessoas por todo o oeste da Inglaterra e ao redor do mundo ficavam sabendo dos orfanatos. Também reconheciam o poder e a provisão de Deus que se tornavam acessíveis em resposta às orações de Muller e de seus amigos.

Permita-me contar-lhes uma experiência. No ano 2000, fui com minha família para o Mississípi, nos Estados Unidos, para fazer um curso de doutorado em ministério na área de Pregação no Reformed Theological Seminary. A igreja que tenho o privilégio de pastorear desde 1985, a Primeira Igreja Presbiteriana de Vitória, votou por intermédio de sua liderança o valor de 2.300 dólares mensais para nosso sustento. Obviamente, tínhamos valores a deduzir desse montante. Primeiramente, entregamos o dízimo. Então, recebíamos 2.070. Temos o privilégio de ter conosco uma secretária que faz parte de nossa família há mais de 35 anos. Entendemos que não podíamos desampará-la em nossa ausência. Continuamos a pagar o salário dela. Ainda tivemos de pagar o condomínio do apartamento onde morávamos. Então, tínhamos apenas 1.300 dólares mensais à nossa disposição.

Fomos para o Reformed Theological Seminary, no Mississípi, com a expectativa de meia-bolsa. Não conseguimos. Chegamos lá e precisamos comprar um carro velho, pois não havia transporte público. Precisamos pagar escola para nossos filhos, pagar escola de inglês, pagar aluguel e as mensalidades do seminário. Minha esposa e eu levantávamos todos os dias às quatro horas da madrugada para limpar a escola de nossos filhos e assim ganharmos um desconto de 200 dólares na mensalidade. Nossas despesas totalizavam 3.000 dólares mensais, e nossos recursos não passavam de 1.300 dólares. Havia um déficit em nosso orçamento de 1.700 dólares/mês. Levamos todas as nossas economias pessoais. Depois de cinco meses, nossas economias acabaram. O carro velho quebrou e o conserto ficou em 1.350 dólares. Não tínhamos o dinheiro para pagar o conserto. Na verdade, não tínhamos dinheiro suficiente para pagar o seminário, o aluguel, tampouco comprar comida.

Então, reuni minha família e disse: "Temos duas opções. Voltamos frustrados para Vitória, ou pedimos a Deus um milagre". Eu não queria ser mais pesado à igreja. Reunimo-nos na sala, e oramos ao Senhor, pedindo a Ele o milagre de sua provisão. Terminada a oração, um fato aconteceu. O telefone tocou. Corri para atender. Era um convite para pregar em uma conferência no Estado da Pensilvânia. Fui para lá sem o dinheiro de um cafezinho no bolso. No último dia da conferência, o pastor que dirigia a programação disse: "Meus irmãos, o pastor

Hernandes é estudante aqui na América. Todo estudante é 'duro'. Se alguém quiser ajudá-lo, fique à vontade". Recebi naquele dia 5.500 dólares de oferta. Um pastor me procurou e me disse: "Eu vou lhe mandar 300 dólares por mês até você terminar seu curso". Voltei para casa chorando. Tirei o carro da oficina. Paguei o seminário, o aluguel, fiz compra para casa e ainda sobrou um pouco de dinheiro.

Na semana seguinte, recebi outro convite para pregar em New Hampshire. Estava pregando meu último sermão, quando um presbítero colocou dentro de minha bíblia um bilhete com letras garrafais. "Não sei o que está acontecendo com você, mas Deus tocou meu coração e vou lhe mandar 600 dólares por mês até você terminar seu curso. No final da conferência ainda me deram 2.500 dólares de oferta. Para encurtar a conversa, recebi 25 convites para pregar em dez Estados diferentes, e, em cada lugar aonde eu ia, Deus fazia um milagre diferente.

Certa vez, uma mulher fez uma viagem à noite, debaixo de neve, porque Deus havia tocado em seu coração para ir aonde eu estava para me dar uma oferta. Nunca nos faltou nada. Deus supriu todas as nossas necessidades. Concluí meu curso e defendi a tese em tempo recorde. Quando voltamos, fui ao banco fechar a conta. Para nossa surpresa, o exato valor de nossas economias pessoais que havíamos levado estava lá no banco. E Deus nos ensinou uma lição: "Você precisa aprender a depender mais do provedor que da provisão, pois, quando sua fonte seca, meu manancial continua jorrando; quando sua despensa fica vazia, meus celeiros continuam cheios".

Voltando a Elias, vemos que Deus às vezes usa meios estranhos e inusitados para sustentar seus servos. Deus usou corvos, aves impuras e uma viúva pobre e gentia. Como diz Dale Ralph Davis, "viúva" e "sustentar" no mesmo fôlego parece um tanto contraditório.[8] Tony Merida diz que o fato de Deus usar essa viúva gentia para sustentar Elias é prova da soberania de Deus, de sua compaixão e salvação graciosas aos gentios que estavam fora da aliança.[9] Jesus fez referência a essa viúva gentia, a quem Elias foi enviado, quando pregava no início de seu ministério, na sinagoga de Nazaré (Lucas 4:25-26). Deus usou o impuro, o improvável e o sobrenatural para sustentar Elias.

Concluo este capítulo com duas aplicações: a primeira é que precisamos estar preparados tanto para ser deixados de lado quanto para ser usados. Precisamos atender à agenda de Deus quando estamos em evidência e quando estamos escondidos no deserto. A segunda lição é que a direção de Deus inclui sua provisão. Quando Deus dirige, também provê. Quando estamos dentro da visão de Deus, sua provisão nunca faltará.

[8] DAVIS, Dale Ralph. *1 e 2 Reis*, p. 212.

[9] MERIDA, Tony. *Christ-Centered Exposition — 1 & 2 Kings*, p. 108-109.

CAPÍTULO 4

ELIAS NA FORNALHA DE DEUS

Elias é o homem que fala com Deus e ouve sua voz. É homem de oração antes de ser pregador. Obedece ao Senhor antes de desafiar as pessoas a confiarem nas promessas divinas. O mesmo Deus que havia ordenado que Elias se escondesse em Querite agora ordena que ele vá a Sarepta, vila fenícia próxima a Sidom, onde deveria ser sustentado por uma viúva. Sobre esse episódio, faremos alguns destaques.

Em primeiro lugar, *um treinamento avançado* (1Reis 17:8,9). Elias havia terminado o estágio do deserto e da solidão. Agora é preciso apertar os cintos para um estágio mais avançado: "Então, lhe veio a palavra do SENHOR, dizendo: Dispõe-te, e vai a Sarepta, que pertence a Sidom, e demora-te ali, onde ordenei a uma mulher viúva que te dê comida". Deus ordena que Elias se demore no lugar da prova. Elias era um tipo "foragido da lei". Sua cabeça estava a prêmio. Mesmo diante de todos os riscos da prova, deveria se deter ali. Algumas vezes passamos pelo lugar da prova com a velocidade de um jato supersônico. Outras vezes, passamos caminhando a passos lentos.

Elias seria lançado na fornalha, no cadinho de Deus. O vocábulo "Sarepta" significa "fundir" ou "refinar", pois deriva de um verbo hebraico com esses mesmos sentidos. Sarepta, assim, quer dizer "cadinho", "fogo", "fornalha".[1] Primeiro Deus levou Elias a Querite, para se desacostumar dos holofotes. Agora Deus aumenta o fogo da fornalha para derretê-lo e moldá-lo. Charles Swindoll escreve:

> É como se o Senhor estivesse dizendo a seu servo: Levei você primeiramente a Querite para que se desacostumasse dos holofotes e da presença do público, para colocá-lo na linha e reduzi-lo ao homem que confia em mim, em toda situação. Foi ali que comecei a renovar seu homem interior por meio das disciplinas da solidão, do silêncio e da obscuridade. Porém, agora é o momento de fazer uma obra ainda mais profunda. Agora, Elias, vou aumentar o fogo da fornalha e derretê-lo para que possa moldá-lo, de maneira muito mais exata, no tipo de homem que preciso para cumprir os propósitos que tenho em mente.[2]

Aqui a fé de Elias foi esticada ao limite. Deus ainda estava trabalhando em Elias, para só depois trabalhar por meio dele. O fogo de Deus, porém, só queima as amarras,

[1] SWINDOLL, Charles R. *Elias*, p. 62.

[2] SWINDOLL, Charles R. *Elias*, p. 62-63.

mas não tosta sequer um fio de cabelo (Daniel 3:20-25). O fogo de Deus purifica e depura. Arthur Pierson diz que, quando Deus está determinado a aperfeiçoar seus santos, coloca-os na fornalha da prova, como o ourives coloca o metal precioso no cadinho. Mas Ele está ao lado, olhando tudo. O amor é seu termômetro, que marca o exato grau de calor; Ele não permitirá nenhum momento de dor além do necessário. Assim que a escória é eliminada e eles podem enxergar a si mesmos refletidos no fogo, a provação cessa.[3] Então estaremos prontos para a próxima fase do treinamento de Deus.

Sidom, a cidade natal de Jezabel, estava situada em território fenício. Essa cidade era a terra de Etbaal, o sogro do rei Acabe, e o centro do culto a Baal. Ali Baal tinha o maior número de adoradores. Deus estava enviando seu profeta para o território que era sede do culto pagão que se havia infestado em Israel. Era ali, naquele centro nevrálgico do paganismo, que Elias deveria testemunhar do Deus vivo e verdadeiro. Deus estava ordenando que Elias descesse ao esgoto do pecado; e não só que fosse até lá, mas que habitasse ali e ali se demorasse (1Reis 17:9).

Donald Wiseman destaca que Elias está visitando território inimigo demoradamente e demonstrando o poder de Deus em uma área onde Baal era cultuado, mas era

[3] PIERSON, Arthur T. *The Bible and Spiritual Life*, p. 377.

inoperante, tendo em vista a seca que se abatia sobre o lugar.[4] Dale Ralph Davis é ainda mais claro:

> Sarepta ficava cerca de 13 quilômetros ao sul de Sidom e 21 quilômetros ao norte de Tiro e cerca de 130 quilômetros ao norte de Samaria, no domínio de Etbaal, pai de Jezabel (16:31). Assim, Elias está indo para *Baalpólis* na *Gentiolândia*. Ali uma das súditas de Baal confiará na palavra de Yahweh (1Reis 17:14,15) e ela descobrirá que Yahweh a sustenta diariamente (1Reis 17:12). Yahweh a compelirá a agir a seu serviço para o benefício do seu profeta. Essa viúva sem nome se junta a gente como Melquisedeque (Gênesis 14), Jetro (Êxodo 18), Raabe (Josué2;6), Rute (Rt 1) e Naamã (2Reis 5). Aqui temos um vislumbre antecipado daquele dia quando Deus concederia "aos gentios o arrependimento para a vida" (Atos 11:18).[5]

Em segundo lugar, *uma obediência imediata* (1Reis 17:10). Mais uma vez, Elias não discute com Deus nem posterga sua decisão. As ordens de Deus devem ser obedecidas e não questionadas. Elias levanta-se sem demora e segue para Sarepta, cerca de 130 quilômetros a norte de Samaria. Nesse tempo, o rei Acabe o procurava, vivo ou morto, em Israel e nas nações vizinhas (1Reis 18:10). Ele

[4] WISEMAN, Donald J. *1 e 2 Reis: introdução e comentário*, p. 146.

[5] DAVIS, Dale Ralph. *1 e 2 Reis*, p. 213-214.

corria o risco de ser morto pela polícia do rei Acabe. Mas o Deus que envia é o mesmo que protege.

Fica evidente que Deus tem senso de humor, pois, se em Querite Elias é alimentado por corvos, animais imundos, agora seria sustentado por uma viúva gentia que estava prestes a morrer de fome. Se Deus tivesse ordenado que Elias fosse a Sarepta para sustentar uma mulher viúva faria sentido, mas ser sustentado por ela não fazia nenhum sentido. Esse era, de fato, um treinamento avançado. A viúva de Sarepta estava vivendo a experiência da extrema escassez. A seca severa atingiu também seu país. Ela, porém, não entrega os pontos, não joga a tolha, não desiste de lutar pela vida. Tem disposição ainda de apanhar lenha para fazer a última refeição. Elias aborda a mulher, pedindo-lhe uma vasilha de água para beber. A sede dura e severa da longa jornada tortura-o, e ele precisa refrescar-se, dessedentando-a.

Em terceiro lugar, *uma humildade necessária* (1Reis 17:11,12). Além de pedir água, Elias também pede um bocado de pão. A mulher, embora tivesse o coração cheio de hospitalidade, tinha a despensa vazia. Confessa ao profeta, em nome do Senhor, que nada tinha preparado, e o punhado de farinha que tinha na panela e o pouco de azeite que tinha na botija davam apenas para fazer a última refeição para ela e o filho. Então seria o fim. Nada mais lhes restaria senão a morte. Seu futuro estava carimbado pelo esgotamento total da provisão. A viúva de Sarepta demonstra disponibilidade, prioridade e confiança.

Disponibilidade porque traz água ao profeta. Prioridade porque, embora tivesse disposição de alimentar o profeta, sua prioridade é dar comida ao filho. Confiança porque, quando Elias lhe dá uma orientação, ela obedece prontamente.

Em quarto lugar, *uma fé inabalável* (1Reis 17:13-16). Elias ordena que a mulher não tema; ao contrário, devia ela trazer-lhe prioritariamente um bolo pequeno e depois preparar a refeição para ela e o filho. Então promete a ela, em nome do Senhor, que a farinha em sua panela não se acabaria, nem o azeite em sua botija faltaria até a chegada das chuvas. A mulher creu na palavra do profeta, e assim ele, ela e a casa dela tiveram alimento por muitos dias. Concordo com Charles Swindoll quando diz:

> Obediência do homem e fidelidade de Deus são a perfeita combinação que faz milagres. No meio das provas, Elias e a viúva obedeceram, e Deus fez um milagre. A panela de farinha nunca ficou vazia e a botija de azeite nunca secou.[6]

Vemos aqui confiança e exigência (1Reis 17:13), explicação e promessa (1Reis 17:14), obediência e cumprimento (1Reis 17:15,16). Da panela, a farinha não se acabou, e da botija o azeite não faltou, segundo a palavra do Senhor por intermédio de Elias. O infalível suprimento

[6] SWINDOLL, Charles R. *Elias*, p. 70.

de Deus ocorre na privação, na hora de uma terrível necessidade (1Reis 17:9-11). Procede da promessa, ao ser desafiado a que se tenha fé obediente (1Reis 17:12-14). Resulta na provisão por meio da generosa mão de Deus (1Reis 17:15,16).[7] Dale Ralph Davis é enfático ao afirmar: "A palavra de Yahweh que traz a seca (1Reis 17:1) pode ao mesmo tempo sustentar a quem Ele quer (1Reis 17:15,16)".[8] Não olhe para o balde que desce à fonte; veja a fonte. Deus é que é a fonte da provisão, não nossos recursos.

Em quinto lugar, *uma tragédia onde acontecera um milagre* (1Reis 17:17). Na mesma casa em que acontece um milagre, acontece também uma tragédia. O filho da mulher adoeceu e morreu. A provisão e a perda acontecem ao mesmo tempo. A fé não nos poupa dos problemas, mas nos dá experiências gloriosas de livramento em meio aos problemas. O fato de você ser crente não blinda sua vida. Não vivemos em uma redoma espiritual. Dale Ralph Davis diz que as marcas da vida estavam assentadas na prateleira da viúva, enquanto a realidade da morte estava deitada em seus braços.[9] A viúva não era apenas pobre, mas agora está de luto, e de luto pelo único filho.

[7] FINLEY, Harvey E. *Os Livros de Reis*. Comentário Bíblico Beacon, vol. 2, p. 330.

[8] DAVIS, Dale Ralph. *1 e 2 Reis*, p. 217.

[9] DAVIS, Dale Ralph. *1 e 2 Reis*, p. 218.

Em sexto lugar, *uma acusação pesada* (1Reis 17:18). A viúva acusa Elias de ser o responsável pela morte de seu filho. É da natureza humana querer culpar alguém pelo mal que nos acontece na vida. Ela acreditava, como era costume naquele tempo, que a morte e a enfermidade deveriam ser a punição de algum pecado oculto que agora estava vindo à luz. John Bimson destaca como os amigos de Jó deduziram que ele devia ter pecado para estar sofrendo (Jó 8:4; 11:6) e os discípulos de Jesus se apressaram em concluir que a cegueira de um homem era resultado de seu pecado ou do pecado de seus pais (João 9:1-3). A pergunta de quem sofre hoje "O que fiz para merecer isto?" exprime a mesma ideia presente nas palavras da viúva (1Reis 17:18). Precisamos recordar: o livro de Jó refuta o pensamento dos amigos de Jó, Jesus rejeitou a lógica de seus discípulos e a viúva de Sarepta estava enganada. A Bíblia não pressupõe necessariamente uma relação inevitável de causa e efeito entre pecado e sofrimento. O próprio Elias não tinha nenhuma ideia da razão pela qual essa tragédia havia acontecido repentinamente (1Reis 17:20).[10]

A provisão da vida transforma-se na presença da morte. A alegria do sustento desfaz-se na triste realidade do luto. A viúva acusa Elias, o representante de Deus, de ser o instrumento de sua desdita. Ela volta sua ira contra ele. Elias, porém, mesmo sendo inocente, não se defende.

[10] BIMSON, John J. *1 e 2 Reis*, p. 546.

Fica em silêncio. Respeita a dor daquela mãe. Compreende que não se apaga a torcida que fumega, nem se esmaga a cana quebrada. Elias tem consciência de que nenhuma palavra sua poderia acalmar aquele espírito abatido. Por isso, não discute com ela, não a repreende, nem tenta argumentar em sua defesa. Simplesmente pede que ela coloque seu fardo nos braços dele.

Philip Graham Ryken lança luz sobre o assunto da seguinte forma:

> Elias não defendeu seu ministério, mas demonstrou um autocontrole notável em face de tamanha oposição. Não refutou as acusações da mulher como injustas; não a culpou por seus pecados; não lhe fez um sermão sobre as coisas ruins que às vezes acontecem com as pessoas. Em vez disso, o profeta lhe deu a resposta que afasta a raiva (Provérbios 15:1). "Dá-me o teu filho" (1Reis 17:19). A graça do profeta sob pressão é um testemunho poderoso da qualidade de sua vida espiritual. Elias era tão santo em privado quanto em público. Em breve, sua fé seria forte o bastante para trazer toda uma nação de volta para Deus (1Reis 18) e para a obediência após um período de dúvida e desespero (1Reis 19).

Em sétimo lugar, *uma oração ousada* (1Reis 17:19-21). O mesmo Elias que se calou para defender-se pede à mulher: "Dá-me o teu filho". Então tomou o corpo do menino, levou-o para cima, ao quarto em que ele mesmo se hospedava, e o deitou em sua cama. Agora, ele, que até então estava em silêncio, abre a boca e fala muito, fala com Deus, ensinando que, se orássemos mais, nos defenderíamos menos. Se orássemos mais, brigaríamos menos. Se orássemos mais, veríamos mais os milagres de Deus acontecendo. Elias luta com Deus antes de lutar pela vida do menino. A mulher o acusa, e Elias lança essa queixa na direção de Deus. Elias entra em batalha em favor da alma do menino, estendendo-se sobre ele, e clamando ao Senhor por um milagre inédito: "Rogo-te que faças a alma deste menino tornar a entrar nele" (1Reis 17:21).

Elias sabe que as impossibilidades humanas são possíveis para Deus. Como diz o profeta Jeremias, "coisa alguma é demasiadamente maravilhosa para Deus" (Jeremias 32:17). O anjo Gabriel disse a Maria, "porque para Deus não haverá impossíveis em todas as suas promessas" (Lucas 1:37). Jesus disse que "os impossíveis dos homens são possíveis para Deus" (Lucas 18:27). Elias ousa orar pela ressurreição do filho da viúva, mesmo não tendo nenhum exemplo de ressurreição na história. Pede o impossível e recebe o improvável, pois a fé vê o invisível, toca o intangível e se apropria do que antes parecia inviável.

Em nono lugar, *um milagre inédito* (1Reis 17:22,23). Deus atendeu à oração de Elias, e o menino ressuscitou. Esse é o primeiro registro de uma ressurreição mencionado na história. É o primeiro caso de ressurreição mencionado nas Escrituras. Um milagre esplêndido. Um fato sobrenatural. Uma realidade jamais vista antes. Tendo o menino recobrado a vida, Elias não se envaidece, não toca trombetas, não faz um discurso de autoelogio, tampouco faz um solo do hino "Quão grande és tu" diante do espelho. Apenas diz à mãe: "Vê, teu filho vive". Elias nos ensina que, se Deus está nos usando, devemos botar a boca no pó, pois tudo vem dele, tudo é por meio dele e tudo é para Ele (Romanos 11:36).

A. W. Pink extrai sete lições espirituais da oração de Elias:

> Primeira lição: Elias se retirou para seu quarto para ficar a sós com Deus. Segunda lição: seu fervor: ele "clamou ao Senhor" — isso não era apenas da boca para fora. Terceira lição: a entrega de seus próprios interesses ao Senhor, apelando a seu relacionamento pactual: "Ó Senhor, meu Deus". Quarta lição: ele se fortaleceu com os atributos de Deus: aqui, com a soberania e supremacia divinas — "trouxeste desgraça também para a viúva". Quinta lição: sua seriedade e insistência, evidenciadas pelo fato de ter se deitado sobre a criança três vezes. Sexta lição: seu apelo à misericórdia de Deus: "a viúva que me abriga". Por fim, seu pedido explícito: "Faze voltar a alma para esta criança".[11]

Em décimo lugar, *um reconhecimento notório* (1Reis 17:24). A confissão da viúva leva o capítulo ao clímax:

[11] PINK, A. W. *The Life of Elijah*, p. 90, 91.

"Nisto reconheço agora que tu és homem de Deus e que a palavra do Senhor na tua boca é verdade". Hoje temos homens ricos, cultos, influentes, mas escasseiam-se os homens de Deus. É óbvio, também, que nem todos os que proferem a palavra de Deus são boca de Deus. Uma coisa é proferir a palavra de Deus, outra coisa bem diferente é ser boca de Deus. Temos disponíveis atualmente em nosso vernáculo os maiores sermões, pregados pelos maiores pregadores da história, como Aurélio Agostinho, João Crisóstomo, Martinho Lutero, João Calvino, João Owen, Jonathan Edwards, João Wesley, Jorge Whitefield, Dwight L. Moody, Charles Spurgeon, entre outros. Se pregássemos esses mesmos sermões hoje, certamente não teríamos os mesmos resultados. E por quê? Porque Deus não unge métodos, mas homens, e homens cheios do Espírito Santo.

Essa passagem de 1Reis que estamos estudando demonstra eloquentemente que o Senhor não é apenas vitorioso sobre a escassez (1Reis 17:1-16), mas também sobre a morte (1Reis 17:17-24). Nenhum flagelo pode algemar a supremacia do Senhor.[12] Elias honrou a Deus, e Deus o honrou (1Samuel 2:30). A mulher faz duas estupendas declarações: agora ela sabe que Elias é homem de Deus e que a palavra do Senhor na boca dele é verdade. Elias havia provado da provisão de Deus em Israel e no próprio

[12] DAVIS, Dale Ralph. *1 e 2 Reis*, p. 225.

território de Baal. Agora estava pronto a desafiar Baal no reino de Israel.

Setecentos anos depois de Elias, Jesus fez referência a esse episódio na Sinagoga de Nazaré (Lucas 4:16-30), mostrando que a graça de Deus havia alcançado outras nações, pois, apesar de haver tantas viúvas nos dias de Elias, ele ministrou a uma viúva gentia. Warren Wiersbe afirma com acerto que o ministério de Elias à viúva e a seu filho foi prova de que Deus não faz acepção de pessoas.[13]

Philip Graham Ryken diz que 1Reis 17 ensina sobre as três grandes obras de Deus: criação, providência e redenção. O Senhor é aquele que envia a chuva na estação seca ou causa a seca na terra. Ele é o Senhor da criação. Além disso, dia após dia Deus forneceu a Elias tudo de que este precisava. Por fim, Deus devolveu o filho morto da viúva à vida e levou a viúva da incredulidade à fé salvífica. Essas três grandes obras de Deus, juntas, significam a prova da divindade de Deus. Apenas Deus consegue criar o mundo, providenciar o pão de cada dia e trazer os mortos de volta à vida.[14]

Elias foi um grande homem entre os homens, mas há alguém maior que Elias. Ele é Jesus. É o próprio Deus entre os homens. Elias orou para que o menino morto

[13] WIERSBE, Warren W. *Comentário Bíblico Expositivo*, vol. 2., p. 465.

[14] RYKEN, Philip Graham. *1 Reis*, p. 429.

ressuscitasse, mas Jesus é a própria ressurreição e a vida. Elias teve sua oração respondida ao clamar ao Senhor para que a alma do menino voltasse ao corpo, mas Jesus, ao ordenar que Lázaro saísse da sepultura, teve sua ordem obedecida. Jesus entrou nas entranhas da morte, arrancou o aguilhão da morte, matou a morte e ressurgiu inaugurando a imortalidade. Agora, todo aquele que nele crer não morrerá eternamente, mas já passou da morte para a vida.

CAPÍTULO 5

ELIAS NO CAMPO DE BATALHA

Três anos e meio antes, Elias, o tesbita, deixara seu quarto de oração nas montanhas de Gileade para anunciar o juízo de Deus a Acabe, rei de Israel, em Samaria (Lucas 4:25; Tiago 5:17). Em seguida, por ordem divina, escondeu-se em Querite, onde foi milagrosamente sustentado por Deus. Mais tarde, por determinação do Senhor, refugiou-se em Sarepta, no território de Sidom, quartel-general de Baal, onde foi sustentado por uma viúva. Agora está de volta a Israel, por ordem expressa de Deus, com o propósito de confrontar as hostes do mal, deixando claro que Baal é um falso deus e que o rei e o povo estão sofrendo a seca severa e a fome atroz por causa de sua apostasia.

Dale Ralph Davis tem razão ao afirmar que, antes de Yahweh enviar a chuva, Baal precisa ser desacreditado: de modo claro, público, óbvio e decisivo, ao vivo e no horário nobre da nação.[1] Nas palavras de Philip Graham Ryken,

[1] DAVIS, Dale Ralph. *1 e 2 Reis*, p. 228.

> ... o povo de Israel havia depositado sua fé em Baal, o deus da chuva, mas Baal não conseguiu ajudá-lo agora. O Deus de Israel, o Senhor vivo e Deus único, havia fechado os céus, causando assim uma fome desesperadora na terra.[2]

Alguém perguntou, certa vez, a Alexandre, o Grande: "Por que você conquistou o mundo todo?". Ao que respondeu: "Porque não deixei essa decisão para depois". Se o cristianismo é um mito, abandonemo-lo. Se a Bíblia não é a verdade, queimemo-la. Se Jesus Cristo não é o Salvador, rejeitemo-lo. Mas, se é nossa única esperança, voltemo-nos para Ele de todo o coração. Precisamos de crentes ousados, que se levantem em nome de Deus para mostrar que só o Senhor é Deus. Foi exatamente isso que Elias fez!

Apresentação

Depois do treinamento, é tempo da ação. Depois de dar provas irrefutáveis da existência majestosa de Deus no território de Sidom, quartel-general de Baal, o Senhor envia Elias de volta à terra de Israel, com a promessa de que daria chuva sobre a terra. Elias precisou de coragem e fé para arrostar o rei Acabe. Havia três anos e meio que não caía uma única gota de chuva, tampouco de orvalho. Os animais estavam morrendo no campo. Os rios não

[2] RYKEN, Philip Graham. *1 Reis*, p. 439.

passavam de leitos secos. As fontes não jorravam mais água. As sementes mirravam no ventre da terra. O cheiro de morte se sentia por todo lado. A desculpa que o ímpio rei Acabe dava para essa calamidade natural alcançava diretamente o profeta Elias. Acabe não conseguia enxergar a própria culpa.

Faremos sobre isso quatro considerações importantes.

Em primeiro lugar, *Elias, o homem que obedece ao Senhor* (1Reis 18:1,2). A agenda de Elias é governada pelo céu. Deus manda; Elias obedece. O mesmo Deus que dissera três anos antes "Esconda-se" agora está dizendo "Mostre-se". Elias sempre foi governado pela palavra de Deus (1Reis 17:2,5; 17:8-10; 18:1,2). O Senhor dá a ordem, e Elias não questiona, tampouco posterga, mas obedece imediatamente. Houve tempo para se esconder do rei Acabe (1Reis 17:3; 18:10); agora é tempo de se apresentar diante dele (1Reis 18:1). Samaria, a capital do reino de Israel, está assolada por uma fome extrema e severa. A razão dessa apresentação é que chegara o tempo de Deus mandar chuva sobre a terra. Não é Baal quem controla o tempo, mas o Senhor. Baal não é o padroeiro da prosperidade. É a bênção do Senhor que enriquece. É Deus quem fortalece nossas mãos para adquirirmos riquezas. Riquezas e glórias vêm do Senhor, e não de Baal. A chuva de Deus só veio depois do colapso da reputação de Baal. Primeiro Baal é publicamente desacreditado diante dos olhos da nação, depois o Senhor envia a chuva.

Em segundo lugar, *Obadias, o homem que teme ao Senhor* (1Reis 18:3). Obadias é o mordomo do ímpio rei Acabe e alto oficial do reino. É mordomo do palácio e membro da corte do mais perverso rei de Israel. O cargo que ocupa era um posto de elevado prestígio e plena confiança. Embora trabalhasse para um chefe tão mau e idólatra, Obadias temia muito ao Senhor. Ainda que esse mordomo administrasse a casa de um homem maligno, o coração dele estava ligado ao Senhor. É digna de aceitação a afirmação de Warren Wiersbe segundo a qual nem todos os servos de Deus devem ficar em evidência como Elias. Deus tem servos em muitos lugares, a realizar a obra para a qual os chama.[3] Alguns servos de Deus são chamados para estar em evidência, outros para estar nos bastidores. Uns estão na linha de frente, outros na retaguarda. Uns têm o nome conhecido na terra, outros são conhecidos apenas no céu.

Em terceiro lugar, *Jezabel, a mulher que mata os profetas do Senhor* (1Reis 18:4). Jezabel, filha de Etbaal, mulher do rei Acabe e primeira-dama de Israel, era uma mulher maligna e perversa. Além de abrir as portas do palácio para sustentar os profetas de Baal e de Aserá (considerada a "esposa" de Baal), ela exterminava os profetas do Senhor. Jezabel estava por trás da promoção da nova religião estatal. Aqui ela está em franco contraste com Obadias, que protegia os profetas do Senhor. Ainda que corresse

[3] WIERSBE, Warren W. *Comentário bíblico expositivo*, vol. 2, p. 466.

riscos fatais, Obadias escondeu cem profetas em covas e cavernas, sustentando-os com pão e água. E essa infame mulher ainda se levantará também contra Elias, para ameaçá-lo de morte. Por onde ela passa, deixa um rastro de terror e destruição. Sua influência maligna destrói uma dinastia em Israel e ameaça a estabilidade política e espiritual de Judá. Seu nome é símbolo de perversidade e devassidão. Sua notoriedade está inalienavelmente associada ao mal.

Em quarto lugar, *Acabe, o rei que colhe o resultado de seu pecado* (1Reis 18:5-6). O rei Acabe precisa deixar o conforto de seu palácio e sair a campo, acompanhado de Obadias, seu mordomo, para procurar alimento para seus cavalos e mulos. Embora haja fome extrema em Samaria, ele está preocupado em salvar seus cavalos, não as pessoas. Dale Ralph Davis diz que há aqui um contraste entre Acabe e Obadias. Obadias salva profetas; Acabe quer salvar mulas e cavalos. Isso é típico de reis e governos: a economia é tudo.[4] A economia para ele vale mais que gente. Está mais interessado na segurança do Estado que na preservação de vidas. É digno de destaque que o rei Acabe se una a sua ímpia mulher para perseguir Elias e matar os profetas do Senhor, embora seja incapaz de reverter a crise medonha que assola seu reino. Acabe pode levantar capelas a Baal e destruir o altar do Senhor, mas não pode anular os efeitos da seca, nem trazer as chuvas

[4] DAVIS, Dale Ralph. *1 e 2 Reis*, p. 229.

benfazejas para regar a terra. O rei tem poder na terra, mas nenhuma influência no céu. Elias, e não o rei Acabe, é o instrumento por meio do qual Deus envia tanto a seca quanto as chuvas.

REVELAÇÃO

Estava na hora de Elias se revelar a Acabe. O profeta era homem de oração. Era igualmente boca de Deus. Era ainda poderoso em obras. A covardia não encontrava lugar em seu coração. Estava pronto para enfrentar a carranca do diabo, a fúria do rei e a instabilidade do povo, e assim desafiar as hostes do mal em seu próprio território. Analise comigo o que destacarei a seguir.

Em primeiro lugar, *um encontro providencial* (1Reis 18:7). Obadias estava procurando relva verde para os cavalos quando Elias se encontra com ele. Obadias reconhece-o e se prostra, rosto em terra, chamando-o “meu senhor”. Deus mesmo providenciou o encontro de Elias com Obadias, pois este foi a ponte de contato do profeta com o rei Acabe. Cabe a Obadias apresentar Elias ao rei de Israel e sair de cena.

Em segundo lugar, *uma ordem perigosa* (1Reis 18:8-12). Elias dá a Obadias a ordem de ir a seu senhor, o rei Acabe, e lhe dizer que o profeta estava na área. Obadias, atemorizado, argumenta que ser o introdutor de Elias poderia representar a morte sumária do mordomo, uma vez que não havia nação nem reino aonde Acabe não mandasse homens à procura do profeta (1Reis 18:10). O temor era que Elias fosse levado pelo Espírito de Deus para outro lugar, e Obadias passasse assim por mentiroso aos olhos do rei. O servo, entretanto, aproveita o ensejo para declarar sua lealdade ao Senhor, ainda que fosse mordomo de um rei tão perverso e idólatra. O maior compromisso de Obadias não era com o rei de Israel, mas com o Rei dos reis.

Em terceiro lugar, *um testemunho grandioso* (1Reis 18:13,14). Obadias conta a Elias suas façanhas durante a cruel perseguição de Jezabel aos profetas de Deus. Testemunhou sobre sua coragem e altruísmo em esconder em covas cem homens dos profetas do Senhor, sustentando-os com pão e água. A geografia do monte Carmelo favorecia esse expediente de Obadias. Segundo Donald Wiseman, existem mais de duas mil cavernas na extensão do Carmelo. Ao mesmo tempo que Obadias cuidava da casa de Jezabel, protegia também os desafetos dela nessas covas e cavernas.

Obadias destaca seu compromisso vitalício com o Altíssimo (1Reis 18:12) e seu resgaste secreto dos profetas de Yahweh (1Reis 18:13). Arriscou a carreira e a segurança pessoal. Usou sua influência para proteger os servos do Senhor. Ainda que tivesse demonstrado coragem em sua arriscada missão de esconder e sustentar os profetas de Deus, agora, que Elias o envia a Acabe, Obadias teme pela vida. Sabe que pode estar sendo enviado para a morte. Os temores de Obadias não eram infundados. Ele tinha conhecimento da caçada implacável promovida pelo rei Acabe para capturar Elias em Israel e em outras nações (1Reis 18:10,11).

Em quarto lugar, uma *garantia absoluta* (1Reis 18:15,16). Elias dá garantias a Obadias, fazendo juramento em nome do Senhor dos Exércitos de que naquele dia mesmo se apresentaria ao rei Acabe. Com essa promessa, Obadias vai a Acabe e lhe comunica a chegada de Elias. Devemos concordar quando Dale Ralph Davis diz que Elias e Obadias são dois servos do Senhor. O ministério de Elias é mais público e confrontador. Obadias opera de maneira mais reservada, nos bastidores e, ainda assim, é fiel na esfera em que Deus o colocou.[5] Ainda hoje, Deus tem os Elias, que estão no *front* da batalha, e os Obadias, que estão trabalhando no anonimato. Há aqueles cujo trabalho é conhecido pelo povo; há outros cujo trabalho é discreto. Ambos servem ao Senhor. Ambos são necessários na expansão do Reino. Ambos serão galardoados pelo Senhor.

Confrontação

Deus havia preparado Elias três anos e meio para esse grande dia. Era o dia do grande confronto. Era o tempo oportuno para desmascarar de vez a Baal e seus profetas. Era o tempo de demonstrar que os deuses pagãos não passavam de falácia. Era o tempo certo de mostrar ao rei Acabe e ao povo de Israel que não podiam mais ficar

[5] DAVIS, Dale Ralph. *1 e 2 Reis*. p. 231.

coxeando entre dois pensamentos. Cumpre ainda fazer algumas considerações a esse respeito.

Em primeiro lugar, *uma acusação veemente* (1Reis 18:17,18). Já se havia passado três anos e meio desde que Elias se apresentara a Acabe (1Reis 17:1). Agora, ao se verem novamente, há uma troca de farpas. Acabe acusa Elias de perturbador de Israel, e Elias denuncia o rei Acabe e sua casa de serem os causadores da trágica seca que assolava a nação, pelo fato de haverem deixado os mandamentos do Senhor e seguido aos baalins. Acabe havia descaradamente quebrado o primeiro mandamento da lei de Deus: "Não terás outros deuses diante de mim" (Êxodo 20:3). O rei de Israel precisava saber que o Deus dos céus é supremo, e Elias estava prestes a provar isso mais uma vez.

Donald Wiseman está certo ao afirmar: "A réplica de Elias a Acabe é que a perturbação de Israel não é a escassez da chuva, mas a ausência de fidelidade à aliança de Deus".[6] O fato de Acabe chamar Elias de perturbador de Israel é típico da cegueira de um pecador que não tem a ombridade de reconhecer seus erros nem de confessar os pecados. Antes, tenta imputá-los a outrem. Nessa mesma esteira de pensamento, Warren Wiersbe destaca que tanto Jesus quanto o apóstolo Paulo foram também acusados de perturbadores (Lucas 23:5; Atos 16:20; 17:6).

[6] WISEMAN, Donald J. *1 e 2 Reis: introdução e comentário*, p. 148.

Portanto, Elias estava em boa companhia.[7] Os acusadores de Paulo chamaram-no de "peste" e "promotor" de sedições entre os judeus esparsos por todo o mundo (Atos 24:5). Jesus foi enfático:

> Bem-aventurados os perseguidos por causa da justiça, porque deles é o reino dos céus. Bem-aventurados sois quando, por minha causa, vos injuriarem, e vos perseguirem, e, mentindo, disserem todo o mal contra vós. Regozijai-vos e exultai, porque é grande o vosso galardão nos céus; pois assim perseguiram aos profetas que viveram antes de vós (Mateus 5:10-12).

Fica claro que a obra pacífica de pregar o evangelho representa ameaça às fortalezas do mal. Em 64 d.C., o imperador Nero responsabilizou os cristãos pelo incêndio de Roma, e muitos foram sumariamente executados. Faltou madeira para fazer cruzes, tamanha a quantidade de cristãos martirizados. Quando não havia mais madeira, os cristãos eram amarrados em postes, cobertos de piche e queimados vivos para iluminarem as noites de Roma. No ano 70 d.C., no governo de Vespasiano, foi inaugurado o Coliseu Romano, o anfiteatro da morte, onde milhares de cristãos foram lançados na arena para os cães morderem, os touros pisotearem e os leões esfomeados da Líbia os devorarem. Foi um verdadeiro massacre, um banho de

[7] WIERSBE, Warren W. *Comentário bíblico expositivo*, vol. 2, p. 466.

sangue. Durante vários séculos, professar a fé cristã era considerado crime capital no Império Romano.

No primeiro século, os adversários de Jesus o acusaram de perverter a nação e alvoroçar o povo (Lucas 23:2,5). No Império Romano, por quase três séculos os cristãos foram presos, torturados, crucificados, queimados vivos e jogados às feras. Ainda hoje a perseguição aos cristãos cresce e se torna cada vez mais severa. Estima-se que desde 1970 houve mais de duzentos mil mártires cristãos por ano.[8]

Philip Graham Ryken lança luz sobre o assunto ao escrever:

> A acusação de Acabe é uma advertência sóbria daquilo que acontece com o povo de Deus em dias de julgamento. Primeiro, o mundo se recusa a ouvir a palavra de Deus. Depois, acusa o povo de Deus. Quando surgem problemas, as pessoas deste mundo não se voltam para Deus, mas contra ele e seu povo. Às vezes, os inimigos de Deus farão de tudo para matar o povo de Deus (João 16:2), assim como Jezabel atacou os profetas de Deus.[9]

Longe de aceitar a acusação do rei Acabe, Elias voltou-lhe as armas, mostrando que havia cometido dois tipos de pecado: de omissão e de comissão. Ele havia

[8] RYKEN, Philip Graham. *1 Reis*, p. 446.

[9] RYKEN, Philip Graham. *1 Reis*, p. 445.

deixado os mandamentos do Senhor e seguido aos baalins (1Reis 18:18).

Em segundo lugar, *uma convocação urgente* (1Reis 18:19,20). Elias lança um desafio, mandando ajuntar-se a ele, no monte Carmelo, todo o Israel, bem como os 450 profetas de Baal e os 400 profetas de Aserá, o poste-ídolo, todos os quais comiam da mesa de Jezabel. Ordem dada, ordem cumprida, e lá estava a nação toda reunida no Carmelo, acompanhada dos profetas baalistas. O monte Carmelo, palco do duelo, é uma cordilheira de montanhas com cerca de 32 quilômetros de comprimento, a estender-se do vale de Esdraelom à margem do Mediterrâneo, e situado a 64 quilômetros de Samaria.[10] Donald Wiseman diz que o Carmelo, com 600 metros de altura e a sul da atual Haifa, deve ter sido escolhido para essa batalha dos deuses por estar situado na fronteira de Israel com o território fenício, terra natal de Baal.[11]

Em terceiro lugar, *um confronto veemente* (1Reis 18:21). Elias, que já havia confrontado o rei Acabe (1Reis 18:18), agora confronta o povo (1Reis 18:21). Elias não acusou o povo de apostasia ostensiva, mas de oscilar entre duas opiniões. Isso sugere que vinham tentando adorar tanto Baal quanto Yahweh, com o intuito de obter o

[10] FINLEY, Harvey E. *O Livro de Reis.* Comentário Bíblico Beacon, vol. 2, p. 331.

[11] WISEMAN, Donald J. *1 e 2Reis: introdução e comentário*, p. 148.

máximo de vantagem dos dois.[12] A nação estava em cima do muro, vacilando entre o Senhor e Baal. Elias diz ao povo: "Fiquem de um lado ou de outro. É hora de decisão". Dale Ralph Davis diz que o culto a Baal era sedutor aos israelitas por algumas razões:

1. Detinha o atrativo da aprovação real. A rainha era devota de Baal. Assim, os israelitas que queriam "subir na vida" fariam bem em se alinhar às preferências religiosas da elite do poder.
2. Havia o apelo da tradição histórica. A adoração a Baal remontava ao tempo dos juízes (Juízes 2:11-13).
3. O culto a Baal oferecia o encanto da relevância. Baal era o deus das chuvas, da fertilidade. Na crendice popular, Baal enviava raios, fogo e chuva. Dava grãos, azeite e vinho.
4. O baalismo acumulava um apelo à sensualidade. Os ritos sexuais eram parte da liturgia. Sempre havia uma prostituta "santa" à disposição no santuário de Baal.[13]

Philip Graham Ryken diz que Elias propôs um dos maiores debates, duelos e confrontos religiosos de todos os tempos. Era Baal contra o Senhor Deus de Israel, e o

[12] BIMSON, John J. *1 e 2 Reis*, p. 547.

[13] DAVIS, Dale Ralph. *1 e 2 Reis*, p. 232, 233.

vencedor ficaria com tudo. A aposta era alta. O destino religioso do povo de Deus estava em jogo. De um lado, Baal, o deus da tempestade dos cananeus, com toda a sua equipe de apoio: 450 profetas pagos pelo governo. Do outro, o Senhor Deus do céu e da terra, com seu único profeta, Elias. [14]

Nessa conjuntura, Elias deixa claro que o Senhor não aceita concorrentes. Não tolera coração dividido. É o único Deus a quem servimos, ou então não é nosso Deus. Assim como Moisés (Êxodo 32:26) e Josué (Josué 24:15), Elias pediu uma decisão definitiva dos israelitas. Deveriam ficar de um lado ou de outro. Mas o povo se cala. O povo não dá uma única palavra, nem mesmo argumenta com Elias. Todos ficam em cima do muro, na zona neutra, tentando não se comprometer. O silêncio foi por causa de sua culpa. Nunca é demais enfatizar que o Deus da Bíblia se recusa a ser o tema de uma sessão de bate-papo. Não é uma ideia para você debater, mas o Rei a quem você deve se submeter.[15]

Nós também vivemos em uma cultura que oscila entre opiniões múltiplas. Em 1993, a Vanderbilt University construiu um monumento ao pluralismo religioso, quando a Faculdade de Teologia dedicou sua capela a todas as vertentes religiosas (All Faith Chapel). Hindus, judeus, católicos, protestantes, muçulmanos e cristãos ortodoxos

[14] RYKEN, Philip Graham. *1 Reis*, p. 451.

[15] DAVIS, Dale Ralph. *1 e 2 Reis*, p. 234.

deveriam se reunir em uma fraternidade sem fronteiras. Philip Graham Ryken diz que a All Faith Chapel foi construída para uma cultura que não sabe em que acreditar, ou para uma cultura que quer acreditar em um pouco de tudo.[16] O Deus de Elias, no entanto, requer exclusividade. Não admite rivais. Não divide a glória com ninguém. Com Deus, é tudo ou nada. Ele quer todo o nosso coração, toda a nossa mente, toda a nossa alma, toda a nossa força. Fica evidente, portanto, que nenhum outro deus consegue entrar no ringue e enfrentar o Deus de Israel. Não há outro Deus senão o Senhor. Só Ele é Deus! Os deuses dos povos não passam de ídolos!

Em quarto lugar, *um desafio contundente* (1Reis 18:22-25). Elias propõe um desafio. Mesmo estando sozinho na pugna, e mesmo tendo do outro lado 450 profetas de Baal e mais 400 profetas do poste-ídolo, ele desafia o inimigo em seu território. Charles Swindoll afirma com razão que a equação nunca é 850 contra 1, mas 850 contra 1 mais Deus.[17]

Dois novilhos deveriam ser imolados e colocados sobre a lenha; um novilho para os profetas e outro novilho para Elias. Os profetas de Baal teriam prioridade. Invocariam Baal, e Elias invocaria o Senhor. Quem responder por fogo, esse é que é Deus. Charles Swindoll destaca que Baal era adorado como deus do Sol (o fogo do universo) e

[16] RYKEN, Philip Graham. *1 Reis*, p. 453.

[17] SWINDOLL, Charles R. *Elias*, p. 102.

como o deus controlador de todas as colheitas e da produtividade da terra. Um deus assim com certeza teria raios e trovões em seu arsenal de armas! Se era capaz de fazer qualquer coisa, então poderia dar início a um incêndio.[18] Como o povo gosta de uma boa briga, todos responderam: "É boa esta palavra" (1Reis 18:24).

Em quinto lugar, *uma decepção evidente* (1Reis 18:26-29). Os profetas de Baal tomaram o novilho, prepararam-no, colocaram-no sobre o altar e invocaram o nome de Baal da manhã ao meio-dia. Nenhuma resposta! Então manquejaram e se movimentaram ao redor do altar, e nada! Os profetas de Baal pulavam em volta do altar. Saltavam loucamente, gritando, implorando, procurando chamar a atenção de Baal. Mas nada. Os céus estavam cerrados. Não houve trovão nem fogo. O silêncio de Baal era ensurdecedor. Ao meio-dia, Elias começou a zombar deles, dizendo: "Clamai em altas vozes, porque ele é deus; pode ser que esteja meditando, atendendo a necessidades, viajando, dormindo e despertará". Então clamaram ainda mais alto e se retalharam com facas e lancetas, segundo seu costume, tingindo a terra de sangue. Chegou a tarde, a hora da oferta de manjares, e nenhuma voz, nem resposta, tampouco atenção alguma. Baal não compareceu. Não responde às orações. Baal é um nada absoluto, um zero à esquerda. Seus profetas foram humilhados publicamente. Baal foi um fracasso total. Elias faz então contundente

[18] SWINDOLL, Charles R. *Elias*, p. 96.

sarcasmo com os profetas do ídolo. James A. Montgomery descreve o sarcasmo de Elias como o comentário mais escandaloso de todos os tempos sobre a mitologia pagã.[19]

Alfred Edersheim, ínclito historiador judeu, descreve a cena dos profetas de Baal ao redor do altar com cores vivas:

> Primeiramente foi levantado um clamor em alta voz, ainda que comparativamente moderado, a Baal. Foi seguido de uma dança ao redor do altar, começando com um movimento de corpo de um lado para o outro. Os uivos foram crescendo mais e mais, e a dança se tornou frenética. Eles giravam em torno do altar e em seu próprio eixo, corriam desesperadamente em filas, sempre com movimento circular, com a cabeça baixa, de modo que seus longos e desgrenhados cabelos tocassem ao chão, como que varrendo-o. Normalmente a insanidade contaminava a todos e os observadores se juntavam à dança frenética. Mas Elias sabia como impedir isso. Era meio-dia e eles já estavam praticando seus rituais bárbaros por horas. Com forte zombaria e ironia ferina, Elias relembrava-os que se Baal era Elohim, o problema deveria estar com eles. Baal deveria estar ocupado e eles precisavam gritar mais alto. Excitados até o nível da loucura, estavam mais

[19] MONTGOMERY, James A. *The Book of Kings*. International Critical Commentary, p. 301.

> frenéticos que antes e, assim, passamos ao segundo e ao terceiro ato desta cerimônia. Os gritos selvagens transformaram-se em rituais de autoflagelação. Em sua insanidade, os sacerdotes mordiam os braços e cortavam-se com facas de dois gumes que carregavam consigo e, também, com lanças. Conforme o sangue se derramava, o frenesi alcançou seu ponto mais alto quando, um após o outro, os profetas começaram a "profetizar", grunhindo e gemendo, explodindo em gritos extáticos, em autoacusações, ou em conversas com Baal, ou ainda em sentenças e frases totalmente desconexas e ininteligíveis.[20]

Dale Ralph Davis diz, com razão, que a natureza do Deus verdadeiro é totalmente diferente da de Baal. Yahweh é o Deus para quem a geografia não é empecilho (1Reis 18:19,20). Carmelo era território de Baal. Os profetas de Baal tinham o que se chama no esporte de "vantagem de jogar em casa". Yahweh derrota Baal em seu território, mostrando sua supremacia e a impotência de Baal. Além disso, Yahweh é o Deus para quem os números não têm importância (1Reis 18:22,25). Na disputa de divindades, Elias ordena que iniciem, "pois são muitos" (1Reis 18:25). Matematicamente, Yahweh estava em desvantagem, porém jamais perdeu uma batalha. Os deuses dos povos não passam de ídolos que têm boca, mas não falam; têm olhos, mas não veem; têm pernas, mas não

[20] EDERSHEIM, Alfred. *Bible History: Old Testament*, p. 17, 18.

andam. Por fim, Yahweh é o Deus para quem o ativismo não é estímulo (1Reis 18:26-29,36-38). Os profetas de Baal fizeram uma reunião de oração fervorosa, mas ineficaz. Elias, por sua vez, não precisou atazanar, coagir, manipular Yahweh; não precisou tagarelar e sangrar por metade do dia para assegurar que fosse ouvido. Por fim, Yahweh é o Deus para quem as desvantagens não são obstáculo (1Reis 18:32-35). Elias manda abrir um rego ao redor do altar e encharcar de água a lenha e o sacrifício. E isso três vezes. Havia zero chance de embuste e trapaça. Elias ajeitou as coisas contra Yahweh, de modo que, quando seu fogo viesse, não haveria outra explicação senão que fora "ato de Deus".[21]

Demonstração

O duelo dos deuses no Carmelo foi bem planejado por Elias. As chuvas não deveriam descer antes de Baal ser nocauteado e removido, e de a nação reconhecer que estava adorando um ídolo impotente. Depois de expor Baal ao descrédito e seus profetas ao fracasso, Elias dá uma demonstração do poder de Deus.

Tony Merida, ao tratar do confronto de Elias com os profetas de Baal, destaca três fatos: 1) clamaram a Baal, mas não receberam resposta; 2) dançaram, mas não foram aquecidos pelo fogo do céu; 3) retalharam-se com facas,

[21] DAVIS, Dale Ralph. *1 e 2 Reis*, p. 235, 236.

mas o frenesi deles não produziu fogo.[22] Um culto não é verdadeiro apenas porque tem fervor. Há fervor produzido pelo engano religioso. Há entusiasmo puramente carnal. O ritual composto de gritos e corpos feridos com lanças não passava de uma demonstração grotesca da infame liturgia pagã.

Convém agora fazer mais algumas considerações a esse respeito.

Em primeiro lugar, *uma preparação necessária* (1Reis 18:30-35). Depois do fiasco de Baal e da frustração de seus profetas, Elias toma três medidas importantes na preparação.

Primeira: *ordena ao povo que se chegue a ele*. Elias era o homem de Deus. A palavra do Senhor em sua boca era a própria verdade. Achegar-se a ele era virar as costas a Baal e voltar-se para o Senhor. Esse era o convite do arrependimento e da conversão. Elias conhece a Deus o suficiente para saber que, mesmo que esteja só diante de centenas de falsos profetas, Deus vai honrá-lo. Não hesita, portanto, em convocar o povo a que se achegue a ele.

Segunda: *restaurou o altar do Senhor que estava em ruínas*. O altar em ruínas era um emblema da decadência espiritual da nação. A vida espiritual do povo estava em ruínas. O culto ao Senhor havia sido abandonado. Naquele momento, o baalismo era a religião oficial de Israel.

[22] MERIDA, Tony. *Christ-Centered Exposition — 1 & 2 Kings*, p. 122-124.

Elias tomou doze pedras em uma representação das doze tribos. A nação estava não apenas rendida ao baalismo, mas também dividida e enfraquecida por permanentes conflitos internos. A lealdade ao Senhor tinha cessado. Philip Graham Ryken acerta em afirmar que as doze pedras para as doze tribos serviram de lembrete às pessoas de que todo o Israel pertencia a Deus e ao poder da promessa da aliança. Também simbolizava a reunificação de uma nação dividida desde a morte do rei Salomão.[23]

Hoje precisamos restaurar o altar da adoração. Vemos muito ajuntamento, mas pouco quebrantamento (Isaías 1:15). Vemos muita música celebrativa, mas pouca adoração genuína (Amós 5:23). Há ofertas sendo levadas ao gazofilácio, mas pouca honra ao Senhor (Malaquias 1:10).

Precisamos também restaurar o altar da comunhão uns com os outros. Elias ajuntou doze pedras. As tribos estavam dispersas e sem comunhão. As guerras entre os dois reinos eram mais frequentes do que tempos de paz. Vemos hoje, também, denominações em guerra, crentes falando mal uns dos outros e brigando entre si, regidos pela mágoa e não pelo amor. A Escritura diz que o Senhor ordena sua bênção e a vida para sempre onde os irmãos vivem em união (Salmos 133:1,3). Precisamos colocar as coisas certas no altar antes do fogo de Deus descer. Elias restaurou o altar, arrumou a lenha, colocou a

[23] RYKEN, Philip Graham. *1 Reis*, p. 462.

oferta e orou. O fogo só vem quando tudo estiver pronto no altar. É conhecido o hino cristão:

> Quando tudo perante o Senhor estiver
> e todo o meu ser Ele controlar,
> só então hás de ver
> que o Senhor tem poder.
> Quando tudo deixares no altar.

Terceira: *mandou encharcar de água o altar*. Elias edificou o altar, fez um rego ao redor, armou a lenha, dividiu o novilho em pedaços, colocou-os sobre a lenha e ordenou que enchessem de água o rego ao redor por três vezes, além de encharcarem de água a lenha e o holocausto. Elias não queria dar margem para nenhuma insinuação de embuste. Não havia espaço para acusação de trapaça ou fraude. As coisas de Deus são claras, sem enganação. Elias está demonstrando que, quando Deus age, a água não pode apagar o fogo. Quando Deus se manifesta, o improvável acontece. Para Deus não há impossíveis.

Charles Swindoll refuta os críticos que dizem: "Se havia seca tal na terra, onde conseguiriam aquela água para derramar sobre o altar?". O que não levam em conta é que o monte Carmelo não está distante do mar Mediterrâneo e havia muita água ali, suficiente para encharcar a madeira e fazer transbordar o rego ao redor do altar.[24]

[24] SWINDOLL, Charles R. *Elias*, p. 100.

Em segundo lugar, *uma demonstração poderosa* (1Reis 18:36-39). Elias ousou submeter Deus à prova, a um teste decisivo, uma vez que estava interessado na glória de Deus e na salvação de seu povo. Elias não usou a oração como último recurso. A oração foi seu primeiro e único recurso.[25] Elias ousou crer na manifestação do poder divino. Seu ministério foi marcado pela manifestação desse poder. Não só falava de poder, mas o experimentava. Conhecia a intimidade com Deus e andava na presença dele. O que Deus já havia feito no passado dava-lhe a garantia de que agiria de igual modo no futuro.

Elias não precisou de muito tempo, nem de movimentos estrondosos, tampouco de gritos e danças para invocar o nome do Senhor. Ninguém berrou. Não houve dança profética, nem dança ritualística frenética. Não houve repetição de palavras vãs por horas a fio. O poder da oração de Elias não dependia de duração, eloquência ou volume. Aliás, o poder não estava na oração de Elias, mas no Deus ao qual Elias se dirigiu. O contraste é impressionante, e a resposta de Deus foi imediata. A resposta não trouxe apenas fogo, mas, muito mais importante, levou o coração do povo de volta a Deus.

Donald Wiseman afirma com acerto que a oração simples de Elias contrasta com os intensos delírios dos adoradores de Baal.[26] Elias invocou o Deus de Abraão, de

[25] SWINDOLL, Charles R. *Elias*, p. 104.

[26] WISEMAN, Donald J. *1 e 2Reis: introdução e comentário*, p. 150.

Isaque e de Jacó. Declarou dependência e plena confiança nele. Pediu que essa manifestação fosse instrumento para o povo se voltar ao Senhor. Então caiu fogo do Senhor que consumiu o holocausto, e a lenha, e as pedras, e a terra, e ainda lambeu a água que estava no rego. Deus se revelou ali pelo fogo. Deus é fogo. Sua palavra é fogo. Ele se manifestou no meio do fogo no Sinai. Ele faz de seus ministros labaredas de fogo. Ele batiza com fogo. Diante dessa manifestação tão poderosa, o povo caiu, rosto em terra, afirmando: "Só o Senhor é Deus! Só o Senhor é Deus!" (1Reis 18:39).

O missionário Ronaldo Lidório e sua esposa Rossana plantaram uma vigorosa igreja entre os konkombas, em Gana, na África. O povo era místico, prisioneiro dos fetiches e mergulhado em densa escuridão espiritual. Certa feita, chegou em sua aldeia uma mulher que caminhara três dias a pé com a filha de sete meses no colo, com feridas por todo o corpo, com pele quase necrosada. Ela pediu ao Ronaldo que curasse sua filha, porque todos os deuses que ela conhecia não puderam fazer nada pela menina. Ronaldo e Rossana tomaram a criança nos braços e oraram: "Ó Deus, maior do que os fetiches, cura esta criança, para a tua glória e para testemunho do evangelho entre este povo". A mulher tomou o caminho de volta para sua aldeia. Ao chegar e desembrulhar a criança, nem cicatriz de ferida havia mais no corpo dela. Aquela mãe, tomada por profunda gratidão, saiu gritando a plenos pulmões pelas cabanas de sua aldeia, declarando ter encontrado o Deus vivo. Ronaldo registra que, a partir daquele fato, não passou um dia sequer sem que pelo menos houvesse uma conversão. Milhares de pessoas foram convertidas e integradas à igreja de Deus.

A igreja primitiva também experimentou os prodígios de Deus. Em Atos 2:43, lemos que muitos sinais e maravilhas eram feitos por meio dos apóstolos. Em Atos 3:7-10, Pedro cura o paralítico na porta do Templo, em Jerusalém. Em Atos 5:12-14, consta que muitos sinais e prodígios eram feitos entre o povo pelas mãos dos apóstolos, e crescia mais e mais a multidão de crentes, tanto homens como mulheres, agregados ao Senhor. Em Atos 6:8, se registra que Estêvão, cheio de graça e de poder, fazia prodígios e grandes sinais entre o povo. Lemos em Atos 8:6 que em Samaria as multidões atendiam, unânimes, às coisas que Filipe dizia, ouvindo-as e vendo os sinais que ele operava. Em Atos 9:33,34, Pedro cura o paralítico Eneias. Em Atos 9:36-41, Pedro ressuscita Dorcas. Em Atos 12:1-19, o anjo do Senhor tira Pedro da prisão de segurança máxima em Jerusalém. Em Atos 14:3, na cidade de Icônio, Paulo e Barnabé falam ousadamente sobre o Senhor, o qual confirmava a palavra de sua graça, concedendo que, por mão deles, se fizessem sinais e prodígios. Em Atos 16:26, Deus envia um terremoto em Filipos, e as portas da prisão, onde estavam Paulo e Silas, são abertas. Em Atos 19:11,12, lemos que em Éfeso Deus fazia milagres extraordinários pelas mãos de Paulo, a ponto de levarem aos enfermos lenços e aventais do seu uso pessoal, diante dos quais as enfermidades fugiam de suas vítimas, e os espíritos malignos se retiravam. Hoje, cercados por tantas crendices e pelo ateísmo que cresce açodadamente, precisamos ser uma igreja da Palavra e do poder. Precisamos pregar aos ouvidos e aos olhos, pois o evangelho é o poder de Deus. O reino de Deus consiste não em palavra, mas em poder. O Espírito veio para nos revestir de poder.

Voltando a Elias, é preciso sublinhar que o fogo divino ardeu nos dois principais momentos litúrgicos da vida do Antigo Testamento: nas inaugurações do culto no Tabernáculo e no Templo. Esse fogo era o sinal verde de Yahweh, indicando que Ele aceitaria esse culto e que Israel deveria continuar a aproximar-se dele dessa maneira.[27] Por outro lado, Philip Graham Ryken faz um solene alerta:

> Se houver pouca paixão em nossa adoração, não é porque não temos dança, gritos e êxtase em medida suficiente. Se há pouco temor em nossa adoração, não é porque não temos espadas, lanças e sangue. É porque não temos o devido senso do peso, da santidade e da majestade do Deus todo-poderoso.[28]

[27] DAVIS, Dale Ralph. *1 e 2 Reis*, p. 241.

[28] RYKEN, Philip Graham. *1 Reis*, p. 470.

Em terceiro lugar, *um juízo veemente* (1Reis 18:40). Conforme os preceitos da lei de Moisés (Deuteronômio 13:13-18; 17:2-5), os promotores da idolatria não poderiam ser poupados. Então Elias, em cumprimento aos preceitos da lei, ordenou que os profetas de Baal fossem levados ao ribeiro de Quisom. E ali os matou. A morte dos profetas de Baal e de Aserá não foi um ato de vingança pessoal, mas de pena capital em conformidade com a Lei de Deus. No caminho das torrentes de Deus, havia um obstáculo, Baal. Esse monstruoso ídolo se colocava entre a terra e o céu, entre as chuvas e a seca, entre as bênçãos do Senhor e a necessidade do povo. Não adianta dar novos nomes a Baal, nem vesti-lo de outras roupagens. Baal precisa ser destruído. Hoje mobilizamos tudo, oramos, fazemos jejum e vigílias, mas as torrentes não caem. As chuvas ficam retidas. Existe um obstáculo: Baal!

Se não tirarmos o entulho dos filisteus, os poços não jorram água. Se não lidarmos adequadamente com o pecado, o avivamento não chega. O Senhor disse a Josué, depois da fatídica derrota de Israel diante da cidade de Ai: "Enquanto o pecado não for removido, não serei convosco nem podereis resistir aos vossos inimigos" (Josué 7:12). O que enfraquece o povo de Deus é o pecado. O que retém as chuvas é o pecado. O obstáculo para o avivamento é o pecado. Hoje apreciamos os homens do passado — profetas, apóstolos, missionários, mártires, avivalistas. Escrevemos a biografia deles, reverenciamos seus feitos, fazemos elogios, mas não os imitamos.

Elias estava cumprindo as sanções estabelecidas pelo próprio Deus. Donald Wiseman esclarece:

> A matança dos profetas de Baal não foi um ato de crueldade irresponsável, mas a retribuição necessária, ordenada por Elias como o "novo Moisés" representante de Deus, contra os falsos profetas, conforme está decretado em Deuteronômio 13:5,13-18; 17:2-5, seguindo a ação de Moisés e Fineias (Números 25:1-13). Os cristãos veem a idolatria não como menos pecaminosa, mas veem o completo julgamento reservado para o Dia final (1Coríntios 6:9; Apocalipse 20:11-15; 21:8; 22:19).[29]

Cumpre ressaltar com total clareza que Deus não colocou a mesma espada em nossas mãos. Nossas armas e nossas batalhas são espirituais. Devemos, entretanto, enfrentar o pecado que tenazmente nos assedia com a Palavra de Deus, a espada do Espírito, fazendo morrer nossa natureza terrena. Tony Merida corrobora, dizendo que a igreja hoje não é uma teocracia, e Deus não nos chamou para matar aqueles que adoram falsos deuses. Ao contrário, somos chamados para matar a idolatria em nosso próprio coração.[30]

[29] WISEMAN, Donald J. *1 e 2 Reis: introdução e comentário*, p. 150.

[30] MERIDA, Tony. *Christ-Centered Exposition.* 1 & 2 Kings, p. 128.

A morte dos profetas de Baal endureceu a rainha Jezabel, de cuja mesa esses homens haviam recebido alimento (1Reis 18:19), e a rainha tomou o propósito de capturar e matar Elias. Warren Wiersbe tem razão em dizer que nem a seca, nem muito menos a fome levaram Acabe e Jezabel ao arrependimento. Nem o fogo do céu, tampouco a chuva mudaram o coração desse ímpio casal (Apocalipse 9:20,21; 16:8-11). Apesar de todas as evidências, Jezabel estará decidida a matar Elias (1Reis 19:1,2).[31]

Charles Swindoll diz que esse episódio enseja quatro lições: 1) quando temos certeza de estarmos dentro da vontade de Deus, somos invencíveis; 2) obediência dividida é tão errada quanto idolatria declarada; 3) nossa ferramenta mais eficiente é a oração da fé; 4) nunca subestime o poder de uma vida totalmente dedicada ao Senhor.[32]

[31] WIERSBE, Warren W. *Comentário bíblico expositivo*, vol. 2, p. 468.

[32] SWINDOLL, Charles R. *Elias*, p. 102-104.

CAPÍTULO 6

ELIAS TRIUNFA EM ORAÇÃO

Três anos e meio antes, Elias havia orado pedindo que Deus fechasse as comportas do céu e não houve nem sequer uma gota de chuva para aliviar a terra ressecada ou uma gota de orvalho para aspergir a terra com seu bálsamo restaurador. A terra ficou seca e estéril com o passar dos meses e dos anos. Os rios não fluíam mais, os córregos e os riachos sumiram, os poços secaram, as colheitas falharam e os animais pereceram. O rei Acabe e os profetas da impiedade viram-se totalmente impotentes para interferir na ação judicatória de Deus.

Antes de Elias subir ao cume do Carmelo para orar por chuvas restauradoras, retirou Baal do caminho, pois entre as chuvas de Deus e a terra seca há um obstáculo que precisa ser eliminado. Não basta mudar Baal de lugar nem lhe dar outros nomes. Esse ídolo abominável precisa ser destruído. Só então as chuvas virão.

Agora chegara a hora de Deus dar chuva sobre a terra. O rei e o povo já haviam sido confrontados. O fogo do céu já havia descido. Os profetas de Baal, sem credibilidade alguma, já haviam sido eliminados. Então Elias vai clamar por chuvas restauradoras.

Elias trava sua maior batalha com Deus. A promessa de Deus cumpre-se não sem oração, mas por intermédio dela. Não há chuva sem oração. Não há avivamento sem oração. Abraão venceu em oração, e Ló, seu sobrinho, foi liberto de Sodoma. Jacó venceu em oração no vau de Jaboque e teve a vida salva. Moisés venceu em oração, e povo rebelde de Israel não foi destruído no deserto. Neemias venceu em oração, e os muros de Jerusalém foram erguidos. Jesus orou, o céu se abriu e o Espírito Santo desceu sobre Ele em seu batismo. Os discípulos, reunidos no Cenáculo, em Jerusalém, perseveraram unânimes em oração, e o Espírito Santo foi derramado sobre a igreja no Dia de Pentecostes.

É digno de destaque, também, que Elias, antes de orar por chuva, afastou-se do burburinho da multidão e subiu para o cume do monte Carmelo. Enquanto a multidão descia para comer, Elias subiu o monte para orar. As chuvas desceram porque Elias subiu. Se quisermos ver as torrentes de Deus descerem, precisamos subir à presença do Senhor, no nosso lugar secreto de oração. Elias já tinha escalado boa parte da cordilheira do Carmelo, mas, quando desafiou os céus para que chovesse, subiu ao cume do Carmelo (1Reis 18:42).

Destacaremos a seguir dez marcas da oração de Elias.

Em primeiro lugar, *Elias orou sobre a promessa de Deus* (1Reis 18:1). Elias é um homem de fé. Como Deus havia prometido a ele que daria chuva quando se apresentasse a Acabe (1Reis 18:1), Elias ordena a este que suba e beba, porque já se podia ouvir o ruído de abundante chuva (1Reis 18:41). A promessa aqui é pessoal. Ela é feita a Elias. A promessa é condicional. Elias deveria apresentar-se a Acabe. A parte de Deus é dar chuva. A parte de Elias era se apresentar a Acabe.

Elias sabia que promessa divina e realidade são a mesma coisa. Deus é o próprio avalista de suas promessas. Todas as promessas de Deus são fiéis e verdadeiras. Nenhuma delas cai por terra. Em todas elas, temos o *sim* e o *amém*. O anjo Gabriel disse a Maria em Nazaré: "Porque para Deus não haverá impossíveis em todas as suas promessas" (Lucas 1:37). Ora eficazmente quem ora a própria Palavra de Deus. Se não conhecemos as Escrituras, como poderemos conhecer as promessas de Deus? Se não as conhecemos, como poderemos orar vitoriosamente? Bíblia e oração precisam caminhar juntas. Não podemos separar o que Deus uniu.

Em segundo lugar, *Elias orou por uma causa específica* (1Reis 18:43). "Sobe e olha para a banda do mar." Elias disse a seu servo que procurasse uma coisa: sinal de chuva! Deus prometera chuva, e era isso o que Elias estava esperando, confiante de que Deus cumpriria sua promessa em todos os detalhes. Devemos ser específicos em nossas orações. Na oração, não podemos cair nas malhas da indefinição. Jesus perguntou ao cego Bartimeu: "Que queres que eu te faça?" (Marcos 10:51). Elias tinha um pedido específico e bombardeou os céus na busca do que o próprio Deus prometera.

Em terceiro lugar, *Elias orou com base em um sacrifício pelo pecado* (1Reis 18:24). As pessoas poderiam questionar Elias ao pedir fogo do céu. Poderiam dizer: "Aquilo de que estamos precisando é água e não fogo". Por que Elias pediu fogo do céu? O profeta Elias orou pedindo fogo porque, antes de poder receber a bênção de Deus, as pessoas precisam receber a expiação de seus pecados. O altar do sacrifício foi restaurado. O sacrifício pelo pecado foi feito. O povo de Israel precisava acertar as contas com Deus antes de receber as chuvas benfazejas que Ele daria. O que havia impedido as chuvas era o pecado do povo contra Deus. Assim, primeiro deve haver o extermínio da maldição para depois haver a concessão da bênção. Primeiro o sacrifício pelo pecado, depois a chuva restauradora. Sem expiação, não há perdão. Sem fogo para queimar e consumir o sacrifício, não faz sentido pedir chuva. Sem expiação, não há perdão. Sem sacrifício pelo pecado, não se chega à presença de Deus. O fogo precede a água. O perdão precede a restauração. Assim também nossas orações são respondidas por causa do sacrifício de Jesus Cristo na cruz.[1] Jesus, o Cordeiro de Deus que tira o pecado do mundo, foi imolado na cruz. No Calvário,

[1] RYKEN, Philip Graham. *1 Reis*, p. 475.

derramou seu sangue. Ali pagou nossa dívida. Ali morreu por nossos pecados.

Em quarto lugar, *Elias orou ao Deus da aliança* (1Reis 18:36). Elias não orou em nome de Baal. Não orou em seu próprio nome. Orou ao Deus vivo e verdadeiro, o Deus dos patriarcas, o Deus de Abraão, de Isaque e de Israel, o Deus da aliança, aquele que não cochila nem tosqueneja, o Deus que ouve e responde às orações. Israel pecou, mas ainda era o povo de Deus. Israel virou as costas para Deus, mas Deus não desistiu de seu povo. Deus disciplina seu povo, mas não desiste dele. Apesar de nossos fracassos e mazelas, Deus não abre mão de nossa vida. Oh, graça bendita! Oh, graça maravilhosa! Oh, graça maior que o nosso pecado! Deus nos ama não por nossos méritos, mas apesar de nossos deméritos. O amor de Deus por nós é incondicional. Não há nada que possamos fazer para Deus nos amar mais. Não há nada que possamos fazer para Deus nos amar menos. Ele é o Deus da aliança que ama seu povo com amor eterno!

Em quinto lugar, *Elias orou para que a glória de Deus fosse manifesta* (1Reis 18:36). "... fique hoje sabido que tu és Deus em Israel." Quando Elias orou para que não chovesse em Israel, não estava cometendo uma maldade contra o povo, estava reivindicando a santidade do nome de Deus. A nação estava deixando o Senhor, a fonte de todas as bênçãos, para servir a Baal, o falso deus das chuvas. O engano religioso e a perseguição política movida pela rainha Jezabel levaram o povo à apostasia. Era necessário desbancar a credibilidade de Baal antes de convocar o povo a voltar-se para o Senhor. Foi o zelo pelo nome de Deus que levou Elias a orar pela manifestação do juízo divino. Agora Elias está novamente reivindicando a manifestação da glória de Deus. Está clamando para que o Senhor se revele como Deus e assim seja conhecido. O objetivo supremo de sua oração é a glória de Deus e não se autopromover. Elias entendia que, assim como nosso fim principal é glorificar a Deus, o fim principal de Deus é glorificar a si mesmo.

Jesus deixou essa verdade meridianamente clara: "E tudo quanto pedirdes em meu nome, isso farei, a fim de que o Pai seja glorificado no Filho. Se me pedirdes alguma coisa em meu nome, eu o farei" (João 14:13,14). A oração de Elias não tem como ponto central o povo, mas Deus. É pelo zelo do nome de Deus que Elias ora. Ora para reivindicar a santidade do nome de Deus. Anseia pela presença manifesta de Deus.

Hoje nossas orações são muito egoístas. Oramos por nós, por nossa vida, nossa família, nossas necessidades, nossos desejos, nossos sonhos. Nossas orações giram em torno de nós mesmos. Parece até que somos o centro do universo. Mas não somos. Deus é.

Em sexto lugar, *Elias orou pela vindicação do ministério da Palavra de Deus* (1Reis 18:36). "... fique, hoje, sabido [...] que eu sou teu servo e que, segundo a tua palavra, fiz todas estas coisas." É a palavra de Deus que deve ser glorificada e não o pregador. Elias orou para que a nação reconhecesse que ele era um mensageiro de Deus, um arauto do Altíssimo. O sucesso do ministério de Elias estava diretamente ligado a sua fidelidade à palavra de Deus. Oração e Palavra caminham juntas. Deus mandou Elias esconder-se em Querite; ele obedeceu. Deus mandou que fosse a Sarepta, em Sidon, e ele obedeceu. Deus mandou-o de volta a Israel para encontrar-se com Acabe, e ele obedeceu. Elias é um homem que vive governado pela palavra de Deus. Agora ora para que todos saibam que é um servo de Deus e que, segundo a palavra de Deus e não segundo sua própria iniciativa, é que está fazendo todas essas coisas.

Elias não construiu seu ministério em torno de seu próprio nome. Não é um ícone, uma celebridade, um astro. É um servo de Deus, um servo da palavra de Deus. Precisamos resgatar esses valores. O mais importante não é o pregador, mas a pregação. Não é o evangelista, mas o evangelho. Não é o vaso de barro, mas o tesouro que está ali entesourado. Há muitas celebridades hoje que estão construindo monumentos para si mesmas. Querem tornar grande o próprio nome. Querem retornar a Babel. Constroem verdadeiros impérios econômicos para promover a própria glória. Elias reivindica a glória de Deus e exalta a palavra de Deus em vez de exaltar a si mesmo. Não age por autopromoção, mas para que a palavra de Deus seja conhecida. O que prevalece não é o profeta, mas a palavra de Deus.

Em sétimo lugar, *Elias orou por conversões genuínas* (1Reis 18:37). "Responde-me, Senhor, responde-me, para que este povo saiba que tu, Senhor, és Deus e que a ti fizeste retroceder o coração deles." Elias ora fervorosa e urgentemente por conversões. Não só protege o fogo, mas quer também espalhá-lo. Elias ora para que os corações sejam incendiados. Sua oração tem um propósito evangelístico. O povo estava oscilando entre Yahweh e Baal, coxeando entre dois pensamentos. Ele ora para que povo saiba que só o Senhor é Deus. Elias ora e prega; prega e ora. Seu anelo é ver a nação voltando-se para o Senhor.

Os pregadores mais usados por Deus e que obtiveram resultados mais expressivos para Ele foram homens de oração que se gastaram por amor aos perdidos. Gastaram-se e deixaram-se gastar em favor da alma das pessoas. John Knox orava, chorava e dizia: "Senhor, dá-me a Escócia para Cristo, senão eu morro". Davi Brainerd, nas selvas geladas da América, tossindo sangue, lutava com lágrimas pela salvação dos peles-vermelhas antropófagos. Hoje pregamos com os olhos enxutos demais, com o coração seco demais. Richard Baxter dizia que devemos pregar como se estivéssemos morrendo, como se nossos ouvintes estivessem à beira da morte. Ah, que Deus nos batize com um amor profundo pelas almas que perecem. Que nossas orações sejam carregadas de profundo senso de amor. Que Elias nos tome pela mão e nos ensine a orar por conversões genuínas.

Em oitavo lugar, *Elias orou com humildade* (1Reis 18:42). Embora Deus tivesse prometido chuva, Elias sobe ao cume do Carmelo não para estadear seu heroísmo, não para arrotar superioridade espiritual, nem mesmo para proclamar sua retumbante vitória sobre os profetas de Baal. Não sobe para tocar trombetas e anunciar suas prerrogativas espirituais. Não sobe para olhar os outros de cima para baixo.

Elias sobe para se encurvar à terra e meter o rosto entre os joelhos em humilde oração. A oração não é um discurso farisaico que proferimos para enaltecer a nós mesmos. Só os que se humilham sob a mão poderosa de Deus serão exaltados. O homem que estivera de pé no Carmelo desafiando as hostes do mal agora está de joelhos na presença do Deus todo-poderoso. Elias reconhece a majestade de Deus e se curva diante daquele que é, verdadeiramente, o Deus da tempestade, o Deus da chuva, o Deus da prosperidade, o Deus dos céus e da terra. O avivamento começa com quebrantamento e choro. Está escrito: "Se o meu povo, que se chama pelo meu nome, se humilhar, e orar, e me buscar, e se converter dos seus maus caminhos, então, eu ouvirei dos céus, perdoarei os seus pecados e sararei a sua terra" (2Crônicas 7:14).

O avivamento do País de Gales, em 1904, começou quando o jovem Evan Roberts prostrou-se em oração, clamando: "Dobra-me, Senhor; dobra-me, Senhor". Torrentes do céu desceram sobre a nação, e, em seis meses, mais de cem mil pessoas convertidas foram agregadas à igreja. Esse avivamento impactou de tal forma a nação, que lupanares foram fechados, bares cerraram as portas, teatros ficaram vazios e igrejas se encheram. Nas cortes, os juízes presenteavam uns aos outros com luvas brancas, pois a criminalidade havia recuado drasticamente. O mesmo ocorreu em 1907 com o Avivamento Coreano. Os pastores humilharam-se diante de Deus. As igrejas encheram-se de pessoas famintas por Deus para buscarem a face do Senhor em oração.

Em nono lugar, *Elias orou com perseverança* (1Reis 18:43,44). Elias ora com imperturbável perseverança. Por ordem dele, seu moço subiu e olhou para o lado do mar Mediterrâneo para ver se havia algum sinal de nuvem no céu. E por seis vezes o moço voltou com uma notícia negativa. Elias não desanimou. Perseverou e na sétima vez o moço lhe disse: "Eis que se levanta do mar uma nuvem pequena como a palma da mão do homem" (18:44). Essa pequena nuvem era um grande sinal. Elias não precisava de mais evidência. Ordena a seu moço que mande Acabe aparelhar o carro e descer antes que a chuva o pudesse deter. Elias orou de forma diligente e perseverante até que a promessa se cumprisse. Mesmo não vendo a chuva a olhos físicos, ouvia pela fé o ruído dela. Para o homem que crê, uma pequena nuvem é prenúncio de grandes torrentes restauradoras.

É como diz Philip Graham Ryken: "para Elias, a promessa de Deus não tornou a oração desnecessária:

tornou-a obrigatória".[2] F. B. Meyer está cheio de razão ao declarar: "Embora a Bíblia esteja repleta de promessas douradas de capa a capa, elas permanecerão inoperantes enquanto não as transformarmos em oração".[3] Jesus nos ensinou a orar sem esmorecer (Lucas 18:1), e o apóstolo Paulo nos exorta a orar sem cessar (1Tessalonicenses 5:17).

Em décimo lugar, *Elias orou com fé* (1Reis 18:45). Os olhos humanos veem apenas uma pequena nuvem, mas os olhos da fé veem o cumprimento da promessa de Deus. Embora Elias ainda não pudesse ver a chuva, podia ouvi-la com os ouvidos da fé. Para o homem que crê, uma pequena nuvem é o prenúncio de grandes torrentes restauradoras. A pequena nuvem que subia do mar em pouco tempo se transformaria em grossas nuvens, a ponto de os céus se enegrecerem e serem tomados de ventos. As chuvas antes retidas agora estavam de volta em resposta à oração de Elias. O profeta Elias vê o invisível, ouve o inaudível e crê no impossível. Não depende de circunstâncias; anda pela fé.

Elias é o homem que ora para não chover, e não chove; ora para chover, e chove (Tiago 5:17,18). O Senhor disciplina e restaura. Faz a ferida e a cura. Repreende e perdoa. Fecha as janelas dos céus e também as abre para derramar sobre seu povo bênçãos sem medida.

[2] RYKEN, Philip Graham. *1 Reis*, p. 481.

[3] MEYER, F. B. *Elijah*. Christian Literature Crusade, p. 93.

A despeito dessas façanhas extraordinárias, Elias não nos é apresentado como poderoso profeta de Deus, nem como poderoso operador de milagres, mas como homem semelhante a nós (Tiago 5:16b-18). Em resposta a suas orações, Elias foi fortalecido pelo Senhor (1Reis 18:46) para correr cerca de trinta quilômetros até a entrada de Jezreel. Não tem uma carruagem para levá-lo, mas, na força do Senhor, corre adiante do rei Acabe.

Que Deus levante novos Elias em nossa geração. Que Deus nos dê a mesma disposição de obediência. Que a palavra do Senhor em nossa boca seja a verdade. Que o fogo do altar da oração jamais se apague em nossa vida!

CAPÍTULO 7

ELIAS ENFRENTA UMA DEPRESSÃO

Dale Ralph Davis diz que este é um dos capítulos mais importantes do Antigo Testamento e geralmente um dos mais mal interpretados. Muita tinta já foi gasta em argumentação quanto à correta abordagem de 1Reis 19.[1] Embora o referido autor não veja no texto as fragilidades do profeta Elias depois da retumbante vitória no monte Carmelo, a maioria dos estudiosos inclina-se para esse aspecto. Acompanharei essa plêiade de estudiosos, como Philip Graham Ryken, Tony Merida, Donald Wiseman, Sinclair Ferguson, Charles Spurgeon, Alister Begg, Warren Wiersbe, Ronald Wallace, A. W. Pink, entre outros.

A Bíblia não esconde as fraquezas dos heróis da fé. Philip Graham Ryken diz que, depois de mostrar Elias em seus melhores momentos, a Bíblia apresenta o profeta em seu pior estado, quando saiu sozinho para o deserto e

[1] DAVIS, Dale Ralph. *1 e 2 Reis*, p. 254-267.

se sentou debaixo de uma árvore desejando a morte. Elias estava fugindo de Jezabel, do povo de Deus, de sua vocação profética, de tudo.[2] John Bimson diz que no monte Carmelo vimos Elias como o grande líder espiritual e, no Horebe, vemo-lo fraco, enganado e necessitado.[3]

Tiago, irmão de Jesus, é preciso quando nos diz que Elias era homem semelhante a nós, sujeito aos meus sentimentos (Tiago 5:17). Elias não era um super-homem; era um homem, e um homem frágil e vulnerável. A coragem que demonstrou para enfrentar Acabe, o povo e os profetas de Baal no monte Carmelo procedia do próprio Deus. Suas fraquezas, porém, eram-lhe inerentes.

É recorrente o fato de que o homem nunca é tão vulnerável quanto depois de uma grande vitória. Devemos estar precavidos com a ressaca de uma grande vitória. Depois do retumbante triunfo no Carmelo, quando Elias prevaleceu diante dos homens e diante de Deus, fragilizou-se, temeu e fugiu. Depois de altissonante vitória, corremos o risco de baixar a guarda, arrear as armas e nos tornarmos vulneráveis. As vitórias de ontem não são garantia de sucesso hoje. Elias está deprimido, amedrontado, com os pés na estrada da fuga e desejando morrer.

[2] RYKEN, Philip Graham. *1 Reis*, p. 485.

[3] BIMSON, John J. *1 e 2 Reis*. Comentário Bíblico Vida Nova, p. 548.

AS CAUSAS DA DEPRESSÃO ESPIRITUAL DE ELIAS

Elias viveu três anos e meio sob fortes tensões. Depois de levar uma mensagem de juízo ao rei Acabe, viveu escondido em Querite, passou uma temporada em Sarepta, período em que foi procurado pelo rei, e agora está de volta a sua nação. No apogeu dessas tensões, enfrentou as hostes do mal, a fúria do rei e a instabilidade do povo de Israel no monte Carmelo.

Elias ousadamente desafiou os profetas de Baal e provou que o abominável ídolo que o povo servia não tinha poder. Deus vindicou a santidade de seu nome e mandou fogo do céu em resposta à oração de Elias. O povo vacilante, vendo a majestade do Senhor, clamou em coro: “Só o Senhor é Deus, só o Senhor é Deus”. Então, depois de eliminar os profetas de Baal e orar pelo derramamento das chuvas restauradoras, Elias viu as torrentes do céu regarem a terra.

Diante de evidências tão eloquentes da majestade de Deus, Elias esperava uma reviravolta espiritual em sua nação. O cenário, porém, ficou ainda mais cinzento. O que viu e ouviu foi um endurecimento das ações do palácio. O rei Acabe, longe de implementar mudanças espirituais em seu reino, revelou mais uma vez sua fraqueza, apenas comunicando à obstinada e perversa Jezabel o triunfo de Elias sobre os profetas de Baal no Carmelo. O casal da impiedade, em vez de se arrepender e de chamar a nação de volta ao Senhor, declarou guerra ao Senhor e a Elias. Como o rei não passava de um fantoche nas mãos de Jezabel, a rainha infame tomou as rédeas nas mãos para enviar um recado a Elias: ele tinha apenas 24 horas de vida. Essa situação adversa desestabilizou emocionalmente o profeta; por isso, temeu e fugiu.

Charles Swindoll diz que a imagem de esposa dominadora cai como uma luva em Jezabel. Primeiro, ela toma o assunto nas próprias mãos. Depois, faz o trabalho do marido do jeito que quer. Por fim, passa a usar intimidação e esquemas quando vê seu marido fraco desmoronando diante da pressão.[4]

Warren Wiersbe chama a atenção para a rapidez com que passamos do alto da montanha do triunfo para o vale da provação.[5] John Bimson declara que muitas vezes se ventila que Elias estava sofrendo de depressão. A depressão pode ter muitas causas diferentes (de ira reprimida a deficiência de vitaminas), e não devemos pressupor que, quando deprimidos, nosso problema seja igual ao de Elias. No caso dele, a depressão e o desânimo parecem ter tido origem em sua perspectiva distorcida. Ao mesmo tempo subestimou o que fez e depreciou a contribuição dos demais.[6]

[4] SWINDOLL, Charles R. *Elias*, p. 130.

[5] WIERSBE, Warren W. *Comentário bíblico expositivo*, vol. 2, p. 469.

[6] BEMSON, John J. *1 e 2 Reis*. Comentário Bíblico Vida Nova, p. 549.

Destacaremos agora as causas da depressão espiritual de Elias.

Em primeiro lugar, *pensamentos confusos* (1Reis 19:1-3). Elias recebe ameaça de morte da protetora dos profetas de Baal. Jezabel deu-lhe apenas 24 horas de vida. Esse ultimato, entretanto, não vinha de Deus, mas de Jezabel. Elias não estava pensando de modo claro. Já tinha provas robustas de que Deus é quem tinha o controle das circunstâncias e não Jezabel. Pensamentos confusos, no entanto, desembocam em ações precipitadas. Elias foge sem nenhuma orientação expressa da parte de Deus. Warren Wiersbe está certo quando escreve: "Durante três anos, Elias não havia tomado qualquer atitude sem ouvir e obedecer às instruções do Senhor (1Reis 17:2,3; 17:8-10; 18:1), mas aqui vemos o profeta correndo adiante do Senhor, a fim de salvar a própria vida".[7] Elias estava preocupado em salvar sua vida em vez de a entregar. Veja a sequência: "tua vida" (1Reis 19:2), "sua vida" (1Reis 19:3), "minha vida" (1Reis 19:4).

Em segundo lugar, *medo* (1Reis 19:3). O homem que até então não havia demonstrado medo algum agora é assaltado pelo temor. O homem que havia confrontado o rei Acabe foge da rainha Jezabel. Por um momento, imagina que o cuidado de Deus não lhe pode proteger de Jezabel. Elias levantou-se não para enfrentar Jezabel e suas ameaças, mas para fugir e salvar a vida. Correu

[7] WIERSBE, Warren W. *Comentário bíblico expositivo*, vol. 2, p. 470.

144 quilômetros de Jezreel a Berseba, a fronteira de Judá ao sul. Depois correu mais um dia para o deserto (1Reis 19:4). Estava correndo para fora do território de Jezabel. O medo é mais que sentimento; é um espírito (2Timóteo 1:7). Elias está mergulhado em um estado de desânimo e melancolia. Nas palavras de A. W. Pink, "até esse ponto Elias foi sustentado pela visão da fé no Deus vivo, mas agora ele perdera de vista o Senhor e via apenas uma mulher furiosa".[8] Quem teme foge. E ele fugiu não por Deus, nem pelo bem de seu povo, mas porque pensou apenas em si mesmo.

Em terceiro lugar, *afastamento de relacionamentos encorajadores* (1Reis 19:3b). Na hora em que Elias mais precisava de companhia, escolheu ficar só. Quando mais precisava de um amigo, deixou seu moço em Berseba. Com certeza, a solidão não é um bom remédio para quem está deprimido. Charles Swindoll acerta em afirmar: "Pessoas desencorajadas são pessoas solitárias".[9] Quando a crise chega, a solidão é uma péssima companhia. Gente precisa de Deus, mas também gente precisa de gente. Uma pessoa depressiva muitas vezes tende a se afastar dos amigos, a se esconder no secreto de seu quarto, e assim afagar, cheia de autopiedade, suas feridas emocionais. Em vez de buscar apoio em seu moço, Elias desvencilha-se dele. Isso não foi um atenuante para sua crise, mas um agravante.

[8] PINK, A. W. *The Life of Elijah*, p. 197.

[9] SWINDOLL, Charles R. *Elias*, p. 132.

Concordo com Philip Graham Ryken quando diz: "A ausência de comunidade não só causa a depressão, mas também a perpetua".[10] Um dos grandes perigos de nosso tempo é vivermos rodeados por uma multidão, mas envoltos da capa da solidão. Temos muitos seguidores virtuais, mas poucos amigos com quem conversar. Muitos colegas de trabalho, mas poucos amigos com quem abrir o coração.

Em quarto lugar, *esgotamento físico e emocional* (1Reis 19:4). Elias está exausto e esgotado física, emocional e espiritualmente. Ele vem de longos embates, entre esconderijos e aparições, entre carestia e provisão, entre confrontos e demonstrações, entre ameaças e perigos, com longas caminhadas e escassez de pão e água. O tanque emocional do profeta está vazio. Está andando na reserva. Fisicamente, está exausto, depois de longa jornada a pé por desertos causticantes. Emocionalmente, está confuso. Espiritualmente, está debaixo de forte pressão. Ministerialmente, deu tudo de si, e no momento parece que só lhe resta deixar a vida e entrar para a história. O homem de Deus está cansado, rendido à fadiga, à beira de um colapso físico e emocional.

O outro lado da moeda é verdadeiro também. A depressão pode ser o resultado de uma grande euforia ou de uma retumbante vitória. O momento de grande sucesso pode ser seguido de profundo abatimento emocional. Nunca somos tão vulneráveis quanto depois de grande

[10] RYKEN, Philip Graham. *1 Reis*, p. 489.

vitória. Excesso de alegria ou excitação leva a uma subsequente depressão. Elias obteve duas vitórias no Carmelo. Triunfou diante dos homens e diante de Deus. Então, despenca do cume do monte Carmelo para as profundezas de uma dolorosa depressão.

Em quinto lugar, *o desejo de morrer* (1Reis 19:4). No capítulo anterior, vimos Elias orando pelo fogo e pela chuva, mas agora o encontramos orando para que Deus lhe tire a vida. Elias não é o primeiro profeta que deseja morrer. Moisés também demonstrou esse desejo (Números 11:15). Jó queria nunca ter nascido (Jó 10:18,19). Jeremias amaldiçoou o dia de seu nascimento (Jeremias 20:14). O profeta Jonas pediu a Deus, de igual modo, que lhe tirasse a vida, porque lhe era melhor morrer que viver (Jonas 4:3). O próprio apóstolo Paulo chegou a enfrentar situações difíceis a ponto de se desesperar da própria vida (2Coríntios 1:8). Quando a mente está turva pela depressão, as pessoas desejam a morte porque julgam ser a única saída para seus dilemas. No entanto, esse é um engano fatal. Não podemos tomar o destino de nossa vida nas próprias mãos. É Deus quem decide quando e como vamos encerrar nossa carreira. Como diz Donald Wiseman, "Deus levará para si seu servo em seu devido tempo e modo (2Reis 2:11)".[11] G. K. Chesterton é enfático em seu alerta:

[11] WISEMAN, Donald J. *1 e 2 Reis: introdução e comentário*, p. 151.

> O suicídio não é apenas um pecado, é o pecado. É o mal supremo e absoluto, a recusa de se interessar pela existência, a recusa de fazer o juramento de lealdade à vida. O homem que mata um homem, mata um homem. O homem que se mata, mata todos os homens; no que diz respeito a ele mesmo, ele destrói o mundo inteiro.[12]

Em sexto lugar, *autopiedade* (1Reis 19:4b). Elias está no deserto, faminto e sedento. Exausto da jornada, deita-se debaixo de uma árvore. Ali, ameaçado por sentimentos turbulentos, pede a morte para si. Ele diz ao Senhor: "... basta; toma agora, ó Senhor, a minha alma, pois não sou melhor do que meus pais". Elias está cansado. Sua palavra é "basta". Está dizendo: "Chega, não aguento mais", "não quero mais viver". Quer morrer, e morrer imediatamente. Não quer ponderar nem receber nenhum conselho ou ajuda do Senhor. Dá ele mesmo o diagnóstico e indica para si mesmo a sentença: morte imediata. A razão alegada para desejar a morte é que não se considera melhor que seus pais. Com isso, encharca seu peito de autopiedade. Acaricia sua autocomiseração. Charles Swindoll tem razão em dizer que a autocomiseração é uma emoção inútil. Ela vai mentir para você. Vai exagerar. Vai levá-lo às lágrimas. Vai cultivar a "mentalidade de vítima" em sua

[12] CHESTERTON, G. K. *Orthodoxy*, p. 72.

cabeça. E, na pior das hipóteses, vai levá-lo a desejar a morte, exatamente como aconteceu com Elias.[13]

A cura para a depressão espiritual de Elias

A depressão é um tema polêmico ainda hoje. Há quem a atribua a espíritos malignos, havendo também quem a veja apenas como pecado. Embora esses fatores possam estar presentes como causa da depressão, não podemos reduzir precipitadamente a depressão a essas causas. A depressão decorre de múltiplas causas. Hoje há um consenso de que a depressão é uma doença que precisa ser tratada com remédio, terapia e fé. É possível que uma pessoa cheia do Espírito Santo enfrente uma severa depressão. Há registros bíblicos de homens de Deus que ficaram deprimidos, como Moisés, Elias e Jonas. Na história da igreja, de igual modo, santos de Deus lidaram com a depressão, ou seja, com a noite escura da alma, como Martinho Lutero, David Brainerd, John Bunyan, William Cowper, Charles H. Spurgeon, Henry Nouwen, Martin Luther King Jr. Hoje, ainda, muitos pastores e líderes enfrentam crises de ansiedade, transtornos mentais, burnout e depressão.

Tony Merida diz que Deus curou a depressão de Elias usando três remédios: 1) pão no deserto (1Reis 19:5-8);

[13] SWINDOLL, Charles R. *Elias*, p. 135.

2) uma voz na montanha (1Reis 19:9-13a); 3) uma visão para o futuro (1Reis 19:13b-21).[14]

Vamos examinar mais detidamente esse assunto para identificar o remédio usado por Deus para restaurar a saúde emocional e espiritual de Elias.

Em primeiro lugar, *toque sobrenatural* (1Reis 19:5). Elias já tinha experimentado vários milagres em sua vida e por meio dela. Deus usou os corvos para o alimentar em Querite e uma viúva gentia para o sustentar em Sarepta. Elias viu um menino ressuscitar, viu fogo descer no Carmelo e chuvas serem derramadas para fazer cessar a severa seca. Agora recebe o toque especial de um anjo de Deus, o qual lhe ordena que se levante e coma. Esse toque foi um mimo da graça, um afago celestial. É o toque da bondade de Deus cuidando de seu servo que está cansado na e da obra.

Warren Wiersbe destaca que os anjos do Senhor são seus embaixadores especiais enviados a ministrar ao povo de Deus (Hebreus 1:14; Salmos 91:11). Um anjo livrou Daniel de ser devorado por leões (Daniel 6:22), e anjos serviram Jesus durante a tentação no deserto (Marcos 1:12,13). Um anjo fortaleceu Jesus no jardim do Getsêmani (Lucas 22:43), e outro animou Paulo a bordo de um navio durante uma tempestade (Atos 27:23). Os anjos no céu regozijam-se quando um pecador se converte

[14] MERIDA, Tony. *Christ-Centered Exposition: 1 & 2 Kings*, p. 132.

(Lucas 15:7,10).[15] Elias é assistido pelo anjo do Senhor. No passado, os corvos levaram pão e carne para ele. Agora, o anjo do Senhor é o seu garçom.

Em segundo lugar, *cardápio especial* (1Reis 19:5). Deus cura a depressão espiritual de Elias também lhe dando um alimento especial no deserto. Assim como Deus alimentou seu povo no deserto com o maná do céu, agora prepara uma mesa para Elias no deserto. O profeta que está com um nó na garganta, atordoado por sentimentos turbulentos, recebe a ordem de comer os pães frescos da padaria do céu. O profeta que está exausto e sedento de longa caminhada até Berseba, situada 45 quilômetros a sul de Hebrom e mais um dia de jornada pelo deserto, vê não apenas pão cozido sobre pedras, mas também uma botija de água. Então comeu, bebeu e tornou a dormir. É isso que podemos chamar de terapia divina!

Em terceiro lugar, *sonoterapia* (1Reis 19:6). Comer, beber e dormir são terapias importantes no tratamento do esgotamento físico e emocional. Elias, depois de ser tocado pelo anjo, levantou-se, comeu, bebeu e voltou a dormir. O sono renova as forças, clareia os pensamentos e desanuvia a mente cansada. Deus permitiu que Elias tivesse um tempo de descanso e de refrigério. E isso sem sermão, sem repreensão, sem culpa, sem desonra. Nenhum relâmpago do céu dizendo: "Veja só seu estado! Levante-se, seu

[15] WIERSBE, Warren W. *Comentário bíblico expositivo*, vol. 2, p. 472.

ingrato inútil! Fique de pé! Rápido, de volta ao trabalho!". Em vez disso, Deus disse: "Acalme-se, meu filho. Relaxe. Tire uma soneca. Coma. Beba. Faz tempo que você não tem uma refeição adequada".[16]

Em quarto lugar, *fortalecimento sobrenatural* (1Reis 19:7,8). Mais uma vez o anjo do Senhor tocou Elias, dando ordens que comesse, porque deveria fazer uma longa viagem. Ele levantou-se, comeu e bebeu, e com a força daquele alimento caminhou quarenta dias e quarenta noites até o monte Horebe, o monte de Deus. Horebe é considerado o monte de Deus (Êxodo 3:1) e foi um lugar de peregrinação para Moisés (Deuteronômio 1:2,6,19). Está situado cerca de quatrocentos quilômetros a sul de Berseba. Esse pão certamente não era uma comida comum. Elias foi fortalecido para fazer uma longa jornada a pé, subindo montes escarpados, descendo vales sombrios, enfrentando rajadas de vento e calor sufocante. Esse fato identifica Elias como um segundo Moisés (Êxodo 24:18; 34:28; Deuteronômio 9:8-10). Esse pão é símbolo daquele que disse: "Eu sou o pão da vida; o que vem a mim jamais terá fome; e o que crê em mim jamais terá sede" (João 6:35).

Em quinto lugar, *desabafo* (1Reis 19:9,10). Ao chegar no monte Horebe, à semelhança de Moisés, Elias entrou em uma caverna. Ali passou a noite. A palavra do Senhor veio a ele e lhe disse: "Que fazes aqui, Elias?". Ele

[16] SWINDOLL, Charles R. *Elias*, p. 136.

respondeu: "Tenho sido zeloso pelo Senhor, Deus dos Exércitos, porque os filhos de Israel deixaram a tua aliança, derribaram os teus altares e mataram os teus profetas à espada; e eu fiquei só, e procuram tirar-me a vida" (1Reis 19:10). Deus dá a Elias a oportunidade de desabafar, de espremer o pus da ferida, de pôr para fora o que estava ruminando havia tanto tempo. Elias então declara seu zelo pelo Senhor ao mesmo tempo que ressalta a apostasia dos filhos de Israel. Esses filhos de Israel deixaram a aliança do Senhor, derribaram seus altares e mataram seus profetas. Elias sente-se só. Mais que isso, declara que os filhos de Israel estão em seu encalço para lhe tirar a vida.

Fica claro que Elias superdimensiona seus problemas. Olha para a vida com as lentes escuras do pessimismo. Philip Graham Ryken tem razão em dizer que, ao fazermos nossos problemas parecerem maiores do que realmente são e Deus menor do que realmente é, convencemo-nos de que nossa situação é deplorável.[17]

Warren Wiersbe vê nessa resposta de Elias tanto orgulho quanto pena de si mesmo, pois, ao usar o pronome "eles", exagera o tamanho de sua oposição. Dá a impressão de que absolutamente todos os israelitas do Reino do Norte se haviam voltado contra ele e contra o Senhor, quando na verdade era Jezabel quem desejava matá-lo. O refrão "fiquei só" transmite a ideia de que se sentia indispensável à obra de Deus, quando na verdade nenhum

[17] RYKEN, Philip Graham. *1 Reis*, p. 500.

servo de Deus é indispensável.[18] Além do mais, não estava só. Havia sete mil que não se haviam dobrado diante de Baal.

Philip Graham Ryken ainda destaca que, se o Deus todo-poderoso tem algum motivo para nos perguntar por que estamos onde estamos, só pode ser porque não estamos no lugar onde deveríamos estar! No final desse encontro, o Senhor dirá a Elias: "Vai, volta ao teu caminho" (1Reis 19:15). Depois de caminhar com Deus por tantos anos, Elias decidiu escolher um caminho próprio, o que significa que sofrerá algum retrocesso antes de retomar o curso correto.[19]

Em sexto lugar, *um confronto amável* (1Reis 19:11-14). Deus ordena que Elias saia da caverna e se coloque no monte, perante o Senhor. No monte Horebe, vários fenômenos ocorreram: vento, terremoto, fogo e um suave murmúrio. Donald Wiseman diz que esse levante da natureza, com ventos poderosos, terremotos e fogo, está associado à ação de Deus em revelação e julgamento. Cada um deles era sinal amplamente conhecido do juízo sobre o pecado (Salmos 18:7,12; Isaías 13:13; 29:6).[20]

Vejamos quais foram esses sinais.

[18] WIERSBE, Warren W. *Comentário bíblico expositivo*, vol. 2, p. 472.

[19] RYKEN, Philip Graham. *1 Reis*, p. 498.

[20] WISEMAN, Donald J. *1 e 2 Reis: introdução e comentário*, p. 152.

Primeiro, um forte vento que fendia os montes e despedaçava as pedras diante do Senhor, mas o Senhor não estava no vento.

Segundo, um terremoto. Depois do vento, veio um terremoto, mas o Senhor não estava no terremoto.

Terceiro, um fogo. Mas o Senhor tampouco estava no fogo.

Quarto, um cicio tranquilo e suave. Ao falar desse modo, Deus estava mostrando que seus desígnios também são cumpridos por meio da paciência e de um longo sofrimento. Nas palavras de John Bimson, "esses acontecimentos fornecem uma demonstração viva de que Deus nem sempre está agindo de maneiras visíveis e chocantes. Ele pode escolher estar presente silenciosamente".[21] Philip Graham Ryken amplia nosso entendimento do texto:

> Em sua fraqueza, Elias não teria suportado nada além do Deus manso. Afinal, ele é o Deus do vento, do terremoto e do fogo. Às vezes, o Espírito de Deus está no vento, que sopra sobre a terra. Às vezes, Deus está no terremoto, que sacode a terra para demonstrar seu poder. Às vezes está no fogo, como no Monte Carmelo, quando um raio caiu do céu para consumir o holocausto. Mas há momentos em que a glória de Deus é demais para qualquer ser humano. Seu poder é uma terrível realidade, e às vezes nós simplesmente precisamos saber que ele é nosso amigo. Isso é o que

[21] BIMSON, John J. *1 e 2 Reis*, p. 549.

> Deus revelou a Elias: "... e, depois do fogo, um cicio tranquilo e suave" (1Reis 19:12).[22]

Tendo Elias ouvido o cicio suave, envolveu o rosto em seu manto e, saindo da caverna, pôs-se à entrada dela. Pela segunda vez, veio-lhe uma voz: "Que fazes aqui, Elias?". Elias, no versículo 14, repetiu as mesmas palavras registradas no versículo 10. O vento, o terremoto e o fogo são meios que o Senhor usa para se manifestar à humanidade. Chamamos essas demonstrações de *teofania*. Por meio do cicio tranquilo e suave, Deus está mostrando a Elias que nem sempre trabalha de modo espalhafatoso e dramático. Sua voz suave traz a palavra aos ouvidos e ao coração dos que a escutam.

Como afirma B. B. Warfield, "Elias entendia que os fins de Deus só conseguiriam ser alcançados se o fossem pelo caminho dos milagres de juízo manifesto", e por isso o Senhor o corrigiu.[23] Dale Ralph Davis declara com acerto: "O caráter tranquilo da obra de Yahweh não significa que ele não está ativo, mas sim que o reino de Deus entrou em seu modo de grão de mostarda".[24]

Resumindo, Harvey Finley diz que Deus ofereceu a Elias um quádruplo remédio para curar seu profundo desânimo: 1) o cuidado adequado com o corpo (pão, água,

[22] RYKEN, Philip Graham. *1 Reis*, p. 504.

[23] WARFIELD, B. B. *Faith and Life*, p. 12.

[24] DAVIS, Dale Ralph. *1 e 2 Reis*, p. 271.

sono); 2) uma nova revelação de Deus, ouvida do céu em voz mansa e delicada; 3) uma renovação da missão; 4) um amigo fiel.[25]

A RENOVAÇÃO DA MISSÃO DE DEUS A ELIAS

O Senhor mandou que Elias voltasse a seu posto de trabalho. Ele precisava voltar pelo caminho que viera e assim recomeçar. Deus está ordenando que Elias abandone sua aposentadoria autoimposta. Deus fez o mesmo com Josué (Josué 7:10) e com Samuel (1Samuel 16:1). Para um homem que desejava morrer, Deus lhe dá nova missão, mostrando que a história não está à deriva. Deus ordena que Elias unja um rei na Síria, um rei em Israel e um profeta em seu lugar. O Senhor é soberano não apenas sobre Israel, mas também sobre as demais nações. Os dois reis e o profeta (1Reis 19:15,16) serão os instrumentos de juízo de Yahweh sobre Israel. É como se Deus dissesse: "Eu quero que você volte e separe meus instrumentos de juízo".[26]

Destacaremos cinco considerações importantes.

Em primeiro lugar, *ungir Hazael rei sobre a Síria* (1Reis 19:15). Elias deveria ungir um rei sobre a Síria. O Altíssimo tem domínio sobre o reino dos homens e o dá a quem quer (Daniel 4:25). A soberania de Deus não se

[25] FINELY, Harvey E. *Os livros dos Reis.* Comentário Bíblico Beacon, vol. 2, p. 335.

[26] DAVIS, Dale Ralph. *1 e 2 Reis*, p. 263.

limita a Israel. A geopolítica do mundo está debaixo da autoridade de Yahweh. Ele governa o universo, controla as nações e dirige os povos. É Ele quem levanta reinos e abate reinos. É Ele quem levanta reis e os faz descer do trono. Deus está no controle das nações. Nas palavras de John Goldingay, "esse ato de Elias significa que Yahweh não é meramente um deus tribal, local, com poder apenas em Israel. Yahweh é Deus em escala internacional".[27]

Em segundo lugar, *ungir Jeú rei sobre Israel* (1Reis 19:16). Deus é soberano sobre o seu povo. Elias deveria ungir um rei sobre Israel no lugar do rei Acabe. Esse rei poria fim à dinastia de Onri, eliminando a casa do rei Acabe. O juízo de Deus pode parecer demorado, mas não falha. O salário do pecado é a morte. Onde não há o arrependimento que produz vida, chegam as nuvens densas do juízo. Acabe teve seu tempo de oportunidade. Como não se arrependeu, a destruição chegou a sua vida e a sua casa.

Em terceiro lugar, *ungir Eliseu o profeta sucessor* (1Reis 19:16b). Elias deveria ungir Eliseu profeta em seu lugar. Elias vai a Abel-Meolá, cerca de 240 quilômetros de Horebe, para nomear Eliseu seu sucessor. Harvey Finley diz que, ao lançar a capa sobre Eliseu, Elias está fazendo uma transferência de liderança e de ministério.[28] Charles Swindoll tem razão em afirmar que Deus deu a Elias não

[27] GOLDINGAY, John. *Históricos para todos — 1 e 2 Reis*, p. 131.

[28] FINLEY, Harvey E. *Os Livros dos Reis*. Comentário Bíblico Beacon, vol. 2, p. 335.

apenas um sucessor, mas um amigo próximo, alguém que o amava e o compreendia suficientemente bem para servi-lo e animá-lo. Deus não nos criou para vivermos como ermitões em uma caverna. Fez-nos para vivermos em comunhão uns com os outros.[29] Elias teve o privilégio de fazer seu sucessor. Alguém já disse, e com razão, que sucesso sem sucessor é fracasso. Muitos líderes não deixam sucessores. No que vão embora, todo o trabalho realizado fica estagnado. O cuidado com a sucessão deve ser um assunto debatido na igreja, na empresa, no governo e na família. Elias foi arrebatado ao céu, mas Eliseu continuou o ministério na terra. Eliseu não destruiu o que Elias deixou, antes ampliou os horizontes de seu ministério.

Em quarto lugar, *um juízo inevitável* (1Reis 19:17). Deus deixa claro que o pecado não ficará impune. O juízo virá inevitavelmente. Os que promovem a idolatria, disseminam heresias e perseguem os profetas de Deus podem viver encastelados no poder por um tempo, mas, no momento oportuno de Deus, serão apeados do poder. Então sua ruína será certa. Seu fracasso será total. Deus levanta instrumentos humanos para exercer sua justiça e aplicar seu juízo. A família do rei Acabe não vai mais subsistir. As flechas do juízo alcançarão seu palácio. Ninguém escapará à espada de Deus, que estará nas mãos de Hazael, Jeú e Eliseu. A palavra de Deus é enfática: "Não vos enganeis: de Deus não se zomba; pois aquilo que o homem

[29] SWINDOLL, Charles R. *Elias*, p. 139.

semear, isso também ceifará" (Gálatas 6:7). Acabe semeou o mal e colherá o mal.

No dia 5 de janeiro de 2025, ocorreu a octogésima segunda edição do Globo de Ouro no Beverly Hilton Hotel, em Los Angeles. O auditório estava repleto de atores, atrizes e personalidades famosas da América. A jovem que conduzia a cerimônia fez referência a citações feitas pelos laureados. A equipe de trabalho ficou em primeiro lugar nas menções; as mães também foram mencionadas. Deus, o Criador do Universo, porém, não recebeu nenhuma menção dela, o que depois ela fez questão de explicitar. O auditório, ao ouvir dela sobre a intencional omissão, prorrompeu em gargalhadas zombeteiras. A mestre de cerimônia, não contendo seu descaso com a pessoa de Deus, disse: "Nenhuma surpresa para uma cidade sem Deus". Dois dias depois, dia 7 de janeiro de 2025, um terrível e devastador incêndio atingiu a cidade de Los Angeles e transformou em cinzas dezenas de mansões multimilionárias de grande parte de atores e atrizes que haviam dado gargalhadas pelo fato de Deus, o Criador do Universo, não ter sido lembrado nem uma vez. Alguém perguntará: Uma coisa tem relação com a outra? Talvez não. Talvez sim. Acautelemo-nos!

Em quinto lugar, *um remanescente fiel* (1Reis 19:18). Deus corrige as estimativas pessimistas de Elias, dizendo que ele não era o único remanescente fiel. Havia sete mil que não se haviam dobrado a Baal. Só o Senhor conhece os que lhe pertencem (2Timóteo 2:19). Há gente fiel a Deus mesmo fora de nosso arraial. Há gente que não se curva aos deuses deste mundo, mesmo que não tenhamos visto essas pessoas. Há discípulos anônimos que são conhecidos no céu mesmo que não sejam notórios na terra. Vemos aqui a gloriosa doutrina da perseverança dos santos. É como o apóstolo Paulo escreveu aos romanos: "Deus não rejeitou o seu povo, a quem de antemão conheceu. Ou não sabeis o que a Escritura refere a respeito de Elias [...]? Reservei para mim sete mil homens, que não dobraram os joelhos diante de Baal. Assim, pois, também agora, no tempo de hoje, sobrevive um remanescente segundo a eleição da graça" (Romanos 11:2,4,5). O próprio apóstolo Paulo escreveu: "... o Senhor conhece os que lhe pertencem..." (2Timóteo 2:19). Só o Senhor conhece aqueles cujo nome está escrito no Livro da Vida. Certamente, no dia final ficaremos surpresos por vermos na glória aqueles que não imaginávamos ver e não vermos alguns que tínhamos segura expectativa de ver. Deus tem seu remanescente!

CAPÍTULO 8

ELIAS, O INIMIGO DO REI

Ben-Hadade era o homem de quem o rei Acabe deveria ter dado cabo, mas ele o libertou. Nabote era o homem a quem o rei Acabe deveria ter protegido, mas o rei o matou. Quando alguém se vende ao diabo, pode confundir bem com mal e luz com escuridão (Isaías 5:20).[1] Acabe foi um homem rendido à cobiça. Não suportava ser confrontado, por isso tinha Elias, o profeta de Deus, como perturbador de Israel e como seu inimigo. Apesar das muitas advertências, sempre se voltou despudoradamente para a idolatria mais tosca. Aliás, o rei Acabe nunca se apartou de seus abomináveis ídolos. Agora é um homem sob as pesadas nuvens do juízo divino.

Este capítulo deixa o cenário da guerra para tratar de uma cena comercial (1Reis 21:1-29). O assunto deixa de ser exércitos brandindo espadas no campo de batalha para se concentrar em uma conversa particular do rei com o proprietário de uma vinha, anexa ao palácio real, em Jezreel. Esse palácio era uma segunda residência do rei de Israel. A cidade de Jezreel estava localizada na base do

[1] WIERSBE, Warren W. *Comentário bíblico expositivo*, vol. 2, p. 479.

monte Gilboa, na região oriental do vale da planície de mesmo nome, a 32 quilômetros de Samaria.

Acabe está interessado em adquirir a vinha de Nabote situada ao lado de seu palácio de verão. Dinheiro não é problema para o rei. Pode pagar um valor justo ou ainda dar um terreno melhor na permuta. O problema é que a vontade do rei se esbarra nos princípios inegociáveis de Nabote. Esse episódio desemboca no eclipse desse monarca perverso e na ruína de toda a sua dinastia. Tony Merida diz que, no texto em questão, encontramos cobiça por terra, abuso de poder, uma corte corrompida e violência contra os pobres.[2]

Um rei ambicioso

A cobiça é o desejo ardente por algo que não temos, mas julgamos merecer. É a causa primordial das grandes quedas. Foi por causa da cobiça que houve a queda angelical. Foi por causa da cobiça que nossos primeiros pais caíram no Éden. Foi por causa da cobiça que Davi adulterou com Bate-Seba. Foi por causa da cobiça que o rei Acabe estava desejando possuir a vinha de Nabote. Esse episódio, porém, como diz Tony Merida, vai muito além de uma história sobre uma vinha. Trata-se de uma batalha do reino de Deus *versus* o reino das trevas.[3] Destacaremos três fatos relacionados ao que acabamos de apresentar.

[2] MERIDA, Tony. *Christ-Centered Exposition — 1 & 2 Kings*, p. 163.

[3] MERIDA, Tony. *Christ-Centered Exposition — 1 & 2 Kings*, p. 165.

Em primeiro lugar, *a cobiça insaciável* (1Reis 21:1,2). O rei Acabe tinha um palácio em Jezreel, mas entendia não poder desfrutar plenamente dessa casa de verão sem uma horta, ou jardim de árvores frutíferas. Segundo Donald Wiseman, essa horta é uma referência aos jardins reais sempre localizados junto a palácios e fontes reais, providos de paisagens verdes, árvores para dar sombra e arbustos para colorir.[4] Embora tivesse tantos bens, tanto conforto e tantos privilégios e regalias, o rei Acabe não tinha satisfação em seu coração. Assim, insatisfeito com o que tinha, cobiçou e desejou o que não tinha.

A cobiça sempre deseja o que é do outro. Esse pecado é condenado por Deus no décimo mandamento (Êxodo 20:17). É pecado subjetivo, visto apenas pelo olhar perscrutador do Deus onisciente. Nenhum tribunal da terra consegue apanhá-lo. É uma questão de foro íntimo. O rei Acabe cobiça a vinha de Nabote, pois tem planos para a propriedade alheia. E faz propostas aparentemente vantajosas para adquiri-la.

Em segundo lugar, *a integridade inegociável* (1Reis 21:3). A cobiça do rei Acabe esbarra nos princípios inegociáveis de Nabote. Os preceitos divinos proibiam que Nabote vendesse a herança dos pais ao rei de Israel. Sua recusa estava baseada nos termos da aliança e não em uma perspectiva pragmática. Nas palavras de Tony Merida, "Nabote é teologicamente orientado e não

[4] WISEMAN, Donald J. *1 e 2 Reis: introdução e comentário*, p. 160.

financeiramente motivado. Seu Deus não é o dinheiro, mas o Senhor".[5]

Certamente esse israelita era um dos sete mil que não se haviam dobrado a Baal. Entendia que a terra pertencia ao Senhor. Entendia que não podia se desfazer da herança dos pais. Toda propriedade deveria ficar dentro da família (Levítico 25:23-28). Como diz Harvey Finley, "se Nabote tivesse vendido sua vinha, teria transgredido não só uma tradição, como também sua consciência (Números 36:7-9)".[6] A propriedade de Nabote não está à venda, nem mesmo para o rei. O que era um luxo para o rei Acabe significava a própria vida para Nabote.

John Goldingay diz que a insistência de Nabote em manter a posse de sua propriedade quando o rei a desejava representava uma resistência ao fundamento religioso e político que sustentava a nação.[7] Como esclarece Philip Graham Ryken, a recusa de Nabote ocorreu porque sabia que os filhos de Israel não eram autorizados a vender a terra para outrem, uma vez que ela pertencia ao Senhor. "Também a terra não se venderá em perpetuidade", dizia a Lei de Moisés, "porque a terra é minha; pois vós sois para mim estrangeiros e peregrinos" (Levítico 25:23). Ou ainda, "a herança dos filhos de Israel não passará de tribo

[5] MERIDA, Tony. *Christ-Centered Exposition — 1 & 2 Kings*, p. 166.

[6] FINLEY, Harvey E. *Os Livros de Reis*. Comentário Bíblico Beacon, vol. 2, p. 338.

[7] GOLDINDAY, John. *Históricos para todos — 1 e 2 Reis*, p. 140.

em tribo; pois os filhos de Israel se hão de vincular cada um à herança da tribo de seus pais" (Números 36:7).[8]

Em terceiro lugar, *a indignação injustificável* (1Reis 21:4). A reação do rei Acabe mostra seu verdadeiro caráter. Como criança mimada, reage à negativa de Nabote com raiva caprichosa, com dengo infantil e com birra inconsequente. Vai para casa irritado e aborrecido, e joga-se na cama emburrado, com o semblante descaído, fazendo beicinho como a criança que não ganhou o que queria. Essa é a atitude dos imaturos. Sempre que as coisas não acontecem do jeito que desejam, ficam aborrecidos. Harvey Finley afirma com razão: "A única coisa pior que uma criança mimada é um adulto amuado".[9]

Uma rainha perversa

O rei Acabe é um banana. Um adulto imaturo. Um rei que ostenta a coroa, mas não o cetro da sensatez. Jezabel, por sua vez, é uma mulher astuta. É o homem de saia. A mulher que veste as calças da família. Acabe é apenas um joguete nas mãos dela. Acabe é o rei, mas quem comanda a máquina governamental é sua mulher. Jezabel é quem dá as cartas. É ela quem dita as regras. É ela quem toma as decisões. Como Eva no jardim do Éden, Jezabel não leva em conta a autoridade de Deus, nem respeita

[8] RYKEN, Philip Graham. *1 Reis*, p. 529.

[9] FINLEY, Harvey E. *Os Livros de Reis*. Comentário Bíblico Beacon, vol. 2, p. 338.

o marido. Faz o que deseja. Toma do fruto proibido enquanto o marido está completamente passivo. Faremos sobre isso três observações.

Em primeiro lugar, *uma reprimenda ao rei* (1Reis 21:5). Quando Jezabel chegou à presença de Acabe, viu-o deitado, com o espírito desgostoso, amuado, ressentido. Então lhe fez uma pergunta em tom de censura: "... que é isso que tens assim desgostoso o teu espírito e não comes pão?". Acabe abatia-se facilmente. Um capricho não atendido era motivo para virar um caramujo e se encavernar. Um desejo não satisfeito era razão para se enfurnar em sua tristeza crônica.

Em segundo lugar, *uma justificativa do rei* (1Reis 21:6). Diante da pergunta de sua astuta mulher, deu uma resposta enviesada, omitindo a verdadeira motivação de Nabote: "Porque falei a Nabote, o jezreelita, e lhe disse: Dá-me a tua vinha por dinheiro; ou, se te apraz, dar-te-ei outra em seu lugar. Porém, ele disse: Não te darei a minha vinha". Acabe ocultou de Jezabel a verdadeira motivação de Nabote em não vender a propriedade. Sua resposta mostrou Nabote como um homem intransigente e não fiel. Nabote, porém, dissera que não podia vender a vinha por ser herança de família e por não ter a posse definitiva da terra.

Em terceiro lugar, *uma promessa ao rei* (1Reis 21:7). "Então, Jezabel, sua mulher, lhe disse: Governas tu, com efeito, sobre Israel? Levanta-te, come, e alegre-se o teu coração; eu te darei a vinha de Nabote, o jezreelita".

Jezabel sabe que o marido é um fracote, um frouxo, sem fibra, sem tutano, sem postura de rei. Ela acaba dizendo a verdade sobre ele. De fato, o rei Acabe não governa. É um molenga, sem fibra moral, governado por sua perversa mulher.

Como diz Charles Swindoll, "Jezabel é a autoridade reinante. Ela toma o assunto em suas mãos e ordena ao marido a se levantar, a comer, e se alegrar, pois ela mesma lhe daria a vinha de Nabote".[10] Donald Wiseman diz que Jezabel, sendo hipócrita e inescrupulosa, impôs os próprios conceitos de soberania despótica, burlando os procedimentos públicos legais para interesses próprios.[11] Para Jezabel, o rei está acima da lei. Para ela, a lei era o que o rei deseja, e ponto-final. Essa era a cosmovisão da Fenícia, sua terra natal. Nessa perspectiva, se as pessoas resistem à vontade do rei, o rei simplesmente passa por cima delas como um rolo compressor. Jezabel diz a Acabe: "Eu te darei a vinha" (1Reis 21:7).

A promessa de Jezabel ao marido, entretanto, não vem fundamentada na lei, nem promove a justiça. Ela promete dar ao marido a vinha de Nabote. Mas a que custo? De que maneira? Com que critérios? Concordo com Warren Wiersbe quando diz que um verdadeiro líder usa sua autoridade para fortalecer o povo, ao passo que um

[10] SWINDOLL, Charles R. *Elias*, p. 153.

[11] WISEMAN, Donald J. *1 e 2 Reis: introdução e comentário*, p. 160.

ditador usa o povo para fortalecer sua autoridade.[12] Todo regime despótico, que anula a lei para alcançar propósitos nefastos, atropela o direito, esmaga as pessoas e promove a morte. As ditaduras sempre descambam em opressão. As ditaduras sempre sacrificam os que se opõem a seu regime totalitário. As ditaduras sempre mantêm o povo no cabresto da miséria, enquanto seus governantes vivem nababescamente. No século 20, Hitler, Mussolini, Lenin, Mao Tse Tung, Idi Amim, Nicolae Ceausescu, entre outros, sacrificaram milhões de pessoas. Ainda hoje, há governantes que tomam o poder e oprimem o povo com mão de ferro. Acabe e Jezabel poderiam ser considerados paraninfos desses monstros sociais.

Uma trama de morte

Jezabel tem ficha criminal conhecida em toda a nação. Ela perseguiu e matou os profetas de Deus. Suas tramas são mortíferas. É uma víbora peçonhenta, um demônio vestido em pele humana. Tem nas mãos o poder de fazer o mal. Usa toda a sua influência para escamotear a verdade, torcer a justiça e matar o inocente. O sistema corrupto do governo está em pleno funcionamento. As cortes de Israel, sob sua batuta, estão a serviço do mal. A liderança local está pronta a cumprir, à risca, o plano por ele traçado. Apresentaremos sobre isso algumas considerações.

[12] WIERSBE, Warren W. *Comentário bíblico expositivo*, vol. 2, p. 480, 481.

Em primeiro lugar, *uma correspondência oficial* (1Reis 21:8). "Então, escreveu cartas em nome de Acabe, selou-as com o sinete dele e as enviou aos anciãos e aos nobres que havia na sua cidade e habitavam com Nabote". Jezabel usa papel timbrado para escrever cartas em nome do rei Acabe, cometendo uma fraude escandalosa. Essas cartas recebem o selo com o sinete do rei. Dessa maneira, a injustiça ganha ares de legalidade. Essas cartas são enviadas aos anciãos e aos nobres da cidade, os quais conviviam com Nabote. Há um complô corrupto, formado por aqueles que deveriam ser exemplo de integridade. Esses anciãos e nobres estão a serviço do sistema maligno que está empoleirado no poder.

Warren Wiersbe tem razão em dizer que nem todos os adornos reais do mundo foram capazes de mudar o fato de que Acabe e Jezabel estavam transgredindo a lei de Deus.[13] Fraude, falsificação, hipocrisia, mentira, perjúrio e assassinato — esses foram os estágios da impiedade sem freios postos em movimento por Jezabel.

Em segundo lugar, *um disfarce religioso* (1Reis 21:9). "E escreveu nas cartas, dizendo: Apregoai um jejum e trazei Nabote para a frente do povo." O mal é tramado com disfarce religioso. Jezabel incluiu uma pitada de religião em sua sanha assassina. O jejum é uma disciplina espiritual. É um sinal de arrependimento e quebrantamento.

[13] WIERSBE, Warren W. *Comentário bíblico expositivo*, vol. 2, p. 480.

Mas os inescrupulosos não hesitam em usar símbolos sagrados para encobrir seus crimes hediondos. Tony Merida destaca que toda essa injustiça é feita em nome da religião. Um dia de jejum foi observado no mesmo dia em que esse fiel israelita ia sendo executado. Seguiram os preceitos da lei ao usarem duas testemunhas de acusação. Apedrejaram Nabote, aplicando a ele a penalidade da lei como se fora um blasfemo.[14]

Em terceiro lugar, *um perjúrio infame* (1Reis 21:10). "Fazei sentar-se defronte dele dois homens malignos, que testemunhem contra ele, dizendo: Blasfemaste contra Deus e contra o rei. Depois, levai-o para fora e apedrejai-o, para que morra". Jezabel era a mentora intelectual desse crime hediondo. Os conspiradores recrutam duas testemunhas porque essa é a exigência da lei (Deuteronômio 17:6). As falsas testemunhas eram "filhos de belial", ou seja, homens sem valor, homens perversos, filhos do maligno. A serviço de Jezabel, estava a cúpula de anciãos e nobres corruptos. Essa máquina de opressão contava com testemunhas falsas, ostentando falsas acusações. A acusação de blasfêmia implicava que Nabote não seria mais considerado parte de Israel e sua terra poderia ser confiscada. O veredicto contra o inocente é a morte por apedrejamento. A trama foi urdida nos bastidores do poder, mas a execução do inocente foi pública. Isso era um

[14] MERIDA, Tony. *Christ-Centered Exposition — 1 & 2 Kings*, p. 169.

recado para o povo. Ninguém pode contrariar a vontade soberana daquele que está assentado no trono. Resistir ao poder real é candidatar-se a morrer.

Em quarto lugar, *uma crueldade coletiva* (1Reis 21:11,12). "Os homens da sua cidade, os anciãos e os nobres que nela habitavam fizeram como Jezabel lhes ordenara, segundo estava escrito nas cartas que lhes havia mandado. Apregoaram um jejum e trouxeram Nabote para a frente do povo." O complô estava armado contra Nabote. Um inocente, falsamente acusado por falsas testemunhas, será apedrejado fora da cidade. Juízes corruptos submetem-se à ímpia Jezabel. Esse é um exemplo clássico de um sistema legal que se tornou subserviente ao crime.

Ninguém ousou levantar a voz em defesa de Nabote. A omissão covarde dos homens da cidade e a subserviência dos anciãos e nobres ao esquema corrupto redundaram em um crime hediondo. O crime só ocorreu porque o povo da cidade nada fez para defender o inocente. E por que não? Por medo das consequências! Como Jesus de Nazaré, Nabote foi assassinado por mãos iníquas (Atos 2:23).

Tony Merida acerta em cheio ao afirmar que os líderes da cidade de Nabote deveriam ter usado sua influência para proteger o fraco. Em vez disso, sucumbiram à pressão de Jezabel. Temeram uma mulher e sua máfia mais do que a Deus (Mateus 10:28). E, quanto a nós, o que temos feito diante das injustiças perpetradas por governos corruptos e cortes injustas? Devemos nos arrepender não apenas de nossos pecados de comissão, mas também dos de omissão. Precisamos compreender que o oposto de amor não é ódio, mas indiferença. Se não reagimos mais diante das clamorosas injustiças praticadas nos parlamentos, nos palácios e nas cortes, é porque já nos assemelhamos aos corruptos anciãos, nobres e povo de Jezreel.[15] É conhecida a frase de Martin Luther King Jr: "O que me preocupa não é tanto o grito dos maus, mas o silêncio dos bons". Quando os bons se calam, os maus triunfam. É sob a cumplicidade silenciosa de decentes que alguns dos maiores crimes acabaram sendo perpetrados. Atribui-se a Martin Niemöller, pastor luterano, a seguinte expressão nos tempos da perseguição nazista:

> Um dia vieram e levaram meu vizinho, que era judeu. Como não sou judeu, não me incomodei. No dia seguinte, vieram e levaram meu outro vizinho, que era comunista. Como não sou comunista, não me incomodei. No terceiro dia, vieram e levaram meu vizinho católico. Como não sou católico, não me incomodei. No quarto dia, vieram e me levaram. Já não havia mais ninguém para reclamar.

O palco para a morte de Nabote foi montado para conferir aparência de legalidade à trama: corte corrupta,

[15] MERIDA, Tony. *Christ-Centered Exposition — 1 & 2 Kings*, p. 171.

juízes comprados, testemunhas falsas, veredicto injusto, morte de um inocente. Fica evidente que a acusação era falsa, as testemunhas eram mentirosas e os juízes haviam sido subornados pela intimidação real. Charles Swindoll chama a atenção para o fato de que os envolvidos nesse esquema não foram apenas os que mentiram, mas "os anciãos e os nobres", que seguiram as instruções de Jezabel. O sistema inteiro era corrupto. Justiça e integridade não faziam parte dessa administração ímpia. Ninguém buscou a verdade. Eles aparentavam preocupar-se com o certo, mas na verdade não passavam de um bando de mentirosos assassinos.[16]

Em quinto lugar, *um assassinato cruel* (1Reis 21:13). "Então vieram dois homens malignos, sentaram-se defronte dele e testemunharam contra ele, contra Nabote, perante o povo, dizendo: Nabote blasfemou contra Deus e contra o rei. E o levaram para fora da cidade e o apedrejaram, e morreu." Os dois homens malignos acusaram Nabote de blasfêmia contra Deus e contra o rei. Ambos os pecados eram passíveis de condenação. Amaldiçoar a Deus era um crime capital (Levítico 24:13-16), e amaldiçoar ao rei também era perigoso, pois o rei era o governante escolhido por Deus (Êxodo 22:28). Seguiram à risca o *script* de Jezabel. O resultado foi o apedrejamento do dono da vinha. Como cúmulo do terror, não apenas Nabote, mas também seus filhos foram condenados à

[16] SWINDOLL, Charles R. *Elias*, p. 154.

morte (2Reis 9:26). Como afirma Philip Graham Ryken: "Dessa forma, o justo Nabote foi morto por uma rainha cruel — um pequeno agricultor esmagado por uma mulher tirana".[17]

Por que Deus não poupou a vida de Nabote? Por que sua justiça chegou tão tarde para esse jezreelita? Dale Ralph Davis diz, corretamente, que esse é o mistério da restrição de Deus que permeia a Bíblia. Por que o Senhor preserva tão maravilhosamente o bebê Moisés do programa de descarte pós-natal do Faraó (Êxodo 2:1-10) quando não parece haver intervenção em diversos outros casos (Êxodo 1:22)? Em outra situação, o menino Jesus escapa pela providência oportuna de Deus (Mateus 2:13-15), mas a polícia de Herodes massacra os demais infantes ao redor de Belém (Mateus 2:16). Até João Batista, o precursor do Messias, recebeu o tratamento de Nabote por causa de outro rei covarde, Herodes Antipas, também governado pela mulher, Herodias (Marcos 6:14-29). Herodes Agripa I executa o apóstolo Tiago (Atos 12:1-2) enquanto Pedro desfruta de uma libertação angélica da prisão (Atos 12:6-11). Por que o Senhor tantas vezes retrai a mão (Salmos 74:11)? O episódio de Nabote não é garantia de imunidade, apenas de justiça (2Tessalonicenses 1:6,7). Deus intervirá para trazer justiça a seu povo injustiçado.[18]

[17] RYKEN, Philip Graham. *1 Reis*, p. 531.

[18] DAVIS, Dale Ralph. *1 e 2 Reis*, p. 306, 307.

Em sexto lugar, *uma apropriação indébita* (1Reis 21:14-16). "Então, mandaram dizer a Jezabel: Nabote foi apedrejado e morreu. Tendo Jezabel ouvido que Nabote fora apedrejado e morrera, disse a Acabe: Levanta-te e toma posse da vinha que Nabote, o jezreelita, que recusou dar-te por dinheiro; pois Nabote já não vive, mas é morto. Tendo Acabe ouvido que Nabote era morto, levantou-se para descer para a vinha de Nabote, o jezreelita, para tomar posse dela." Jezabel é informada daquilo de que já sabia. Aliás, foi ela a idealizadora do crime perverso. Tinha as mãos cheias de sangue. Uma vez que ninguém da família havia sobrevivido para herdar a terra, sem nenhum remorso ela ordena que o marido se levante e tome posse da vinha de Nabote. Acabe, sem escrúpulo algum, e sabedor de todo o esquema maligno acionado pela mulher, desce para confiscar a vinha e tomar posse dela, sentindo-se no pleno direito para tanto. Afinal, a máquina de Samaria havia atropelado o tolo de Jezreel. A imoralidade e a crueldade já não escandalizavam mais o ímpio rei Acabe, nem mesmo os cidadãos de Israel. Charles Swindoll está certo quando diz: "Viva durante bastante tempo sob a influência de um líder imoral, corrupto e idólatra, e você não ficará mais indignado com coisa alguma".[19]

A felicidade do rei Acabe, porém, foi temporária. O prazer do pecado dura pouco. O roubo precedido de assassinato não deu a Acabe o desfrute da vinha. Ao contrário,

[19] SWINDOLL, Charles R. *Elias*, p. 155.

custou sua vida e a vida de toda a sua descendência. A Escritura diz: "O júbilo dos perversos é breve, e a alegria dos ímpios, momentânea" (Jó 20:5).

Philip Graham Ryken tem razão ao afirmar:

> A vinha ilícita do rei Acabe produziu uvas azedas, e no final, lhe custou todo o seu reino. Deus também tinha algo reservado para a rainha de Acabe: "Os cães devorarão Jezabel dentro dos muros de Jezreel" (21:23). Jezabel pensou que estava conseguindo algo para o rei Acabe por nada, mas, no fim, ela pagaria pela vinha de Nabote com o sangue de sua própria vida. Todas essas profecias se cumpriram. Jeú partiu para matar cada membro da família do rei Acabe. Jezabel foi lançada da janela do palácio e pisoteada pelos cavalos. A rainha nem sequer recebeu a honra de um enterro decente, pois Deus desprezou a cabeça que tramou a morte de Nabote e as mãos que assinaram sua sentença de morte.[20]

A morte de Acabe e Jezabel é um aviso permanente a todos os que cobiçam, mentem, fraudam, roubam e matam. É um solene alerta a todos os que servem ao dinheiro e não a Deus. É aviso a todos os governantes corruptos e cortes injustas que se vendem para oprimir o inocente em nome da lei.

[20] RYKEN, Philip Graham. *1 Reis*, p. 535, 536.

Dale Ralph Davis traz à lume algumas implicações desse episódio.[21] Vejamos:

Primeira: *uma descrição verdadeira do destino do povo de Deus neste mundo.* Essa é uma narrativa representativa e típica. É o tipo de tratamento que os crentes remanescentes podem esperar dos governantes desta era. O apóstolo Pedro escreveu: "Amados, não estranheis o fogo ardente que surge no meio de vós, destinado a provar-vos, como se alguma coisa extraordinária vos estivesse acontecendo" (1Pedro 4:12). É disso que se trata o caso de 1Reis 21. É isso que Jesus disse que aconteceria (Mateus 13:9-13).

Segunda: *essa injustiça muitas vezes será imposta pelos governos ou seus tribunais.* Nesse caso, ela veio por meio de um rei passivo e de uma rainha ativista. Em Daniel 3, veio do rei da Babilônia; em Daniel 6, do governo e dos asseclas do serviço civil do Império Medo-Persa. Ou viria de um oficial romano a impor o culto ao imperador (Apocalipse 2-3). Não raro, os governantes abandonam sua vocação (Romanos 13:1-7) e se tornam adversários e opressores do povo de Deus.

Terceira: *os servos de Deus devem estar preparados para pagar o preço de defender a justiça.* Não apenas o palácio de Samaria era corrupto e maligno, mas também todo o sistema estava fermentado pela corrupção. Não lemos sobre nenhum protesto da parte de ninguém, nem de nenhuma tentativa de defesa de Nabote. Os anciãos, os nobres e os

[21] DAVIS, Dale Ralph. *1 e 2 Reis*, p. 300-302.

homens de Jezreel foram omissos e covardes. Não tiveram força moral para resistir ao sistema opressor. Como robôs burocráticos, cumpriram à risca o papel solicitado em vez se oporem a Jezabel, avisarem Nabote e exporem toda a corrupção do "escândalo da vinha".

Quarta: *a injustiça floresce não apenas pela maldade, mas também pela fraqueza, não apenas pela falta de bondade, mas também pela falta de coragem.* A máfia de Jezreel não apenas matou Nabote, mas também seus filhos (2Reis 9:26). E por quê? Por medo dos homens, aliás, por medo de uma mulher. Essa máquina comprada, intimidadora, corrupta, como um rolo compressor, passava por cima dos inocentes, favorecendo os criminosos e obedecendo cegamente às ordens de governantes vendidos à prática do mal. Jesus alertou-nos sobre isso: "Por minha causa sereis levados à presença de governadores e de reis" (Mateus 10:18). E exortou também: "Não temais os que matam o corpo e não podem matar a alma; temei, antes, aquele que pode fazer perecer no inferno tanto a alma como o corpo" (Mateus 10:28).

Essa mesma realidade foi enfrentada pelo próprio Filho de Deus. Há uma estreita relação entre o que Nabote enfrentou e a Paixão de Jesus Cristo: "Ora os principais sacerdotes e todo o Sinédrio procuravam algum testemunho falso contra Jesus, a fim de o condenarem à morte. E não acharam, apesar de se terem apresentado muitas testemunhas falsas. Mas afinal compareceram duas, afirmando: Este disse: 'Posso destruir o santuário de Deus e reedificá-lo em três dias'" (Mateus 26:59-68). Jesus foi esbordoado, cuspido, acusado, vilipendiado, condenado, pregado à cruz. Mas o sangue de Jesus fala coisas melhores que o sangue de Abel e de Nabote (Hebreus 12:24). O sangue desses dois mártires clama por vingança, mas o sangue de Jesus clama por perdão. O sangue de Jesus nos limpa de todo pecado e nos dá livre acesso à presença de Deus.

Um profeta de Deus em ação

Toda exposição de 1Reis 21 vista até aqui tem por propósito apresentar ao leitor a coragem do profeta Elias em enfrentar e confrontar os horrendos pecados cometidos contra Nabote, ainda que esses pecados tenham sido cometidos pelo rei mais perverso e pela rainha mais maligna que já tinham subido ao poder em Israel. Elias não faz coro com os líderes corruptos de Jezreel. Tem consistência granítica. Não faz parte do esquema da maldade, mas tem a coragem de confrontar os agentes do mal.

Ninguém peca impunemente. O Elias que tinha fugido de Jezabel retorna à sua missão profética, e agora para confrontar o rei Acabe pelo crime de assassinato e de apropriação indébita. Mais uma vez Elias se põe a caminho, em resposta diligente à direção de Deus. Precisamos fazer aqui três considerações relevantes.

Em primeiro lugar, *uma sentença de morte* (1Reis 21:17-19). O casal real pode subornar testemunhas, comprar juízes, torcer a lei e aplicar pena capital a um inocente, só não pode manipular a palavra de Deus. Está escrito:

> Então, veio a palavra do Senhor a Elias, o tesbita, dizendo: Dispõe-te, desce para encontrar-te com Acabe, rei de Israel, que habita em Samaria; eis que está na vinha de Nabote, aonde desceu para tomar posse dela. Falar-lhe-ás, dizendo: Assim diz o Senhor: Mataste e, ainda por cima, tomaste a herança? Dir-lhe-ás mais: Assim diz o Senhor: No lugar em que os cães lamberam o sangue de Nabote, cães lamberão o teu sangue, o teu mesmo (1Reis 21:17-19).

Elias acusa o rei de Israel de dois crimes hediondos: homicídio e roubo. Como consentiu na morte de Nabote, a morte o apanhará. Assim como os cães lamberam o sangue de Nabote, também lamberão o de Acabe. O rei Acabe morreria de forma desonrosa, pois os cães lamberiam seu sangue.

Em segundo lugar, *uma dinastia eliminada* (1Reis 21:20-24). O escritor registra:

> Perguntou Acabe a Elias: Já me achaste, inimigo meu? Respondeu ele: Achei-te, porquanto já te vendeste para fazeres o que é mau perante o Senhor. Eis que trarei o mal sobre ti, arrancarei a tua posteridade e exterminarei de Acabe a todo do sexo masculino, quer escravo quer livre, em Israel. Farei a tua casa

> como a casa de Jeroboão, filho de Nebate, e como a casa de Baasa, filho de Aías, por causa da provocação com que me irritaste e fizeste pecar a Israel. Também de Jezabel falou o Senhor: Os cães devorarão Jezabel dentro dos muros de Jezreel. Quem morrer de Acabe na cidade, os cães o comerão, e quem morrer no campo, as aves do céu o comerão (1Reis 21:20-24).

Quando Acabe viu Elias, chamou-o de inimigo (1Reis 21:20). Suas palavras revelam o peso de uma consciência culpada. Mas estava errado novamente (1Reis 18:17,18). O rei, e não o profeta, era o inimigo dele próprio. A desgraça e o castigo que recairiam sobre ele eram apenas resultado de seus erros, e não de Elias. A pessoa que, como Acabe, se vende ao pecado traz terríveis consequências sobre a própria vida.[22]

O assassinato de Nabote e a apropriação indevida de sua vinha custaram um alto preço a Acabe e à sua descendência. Sua família foi varrida da terra. Sua dinastia foi completamente eliminada da mesma maneira que fora erradicada a dinastia de Jeroboão e Baasa. Jezabel, a perseguidora assassina, foi devorada pelos cães necrófagos. A família do rei Acabe nem sequer teve a honra de um funeral decente. Toda a sua posteridade foi banida da terra.

[22] FINLEY, Harvey E. *Os Livros de Reis*. Comentário Bíblico Beacon, vol. 2, p. 339.

Em terceiro lugar, *um diagnóstico preciso* (1Reis 21:25,26). "Ninguém houve, pois, como Acabe, que se vendeu para fazer o que era mau perante o Senhor, porque Jezabel, sua mulher, o instigava; que fez grandes abominações, seguindo os ídolos, segundo tudo o que fizeram os amorreus, os quais o Senhor lançou de diante dos filhos de Israel." Acabe foi um homem fraco, um líder manobrado por sua ímpia mulher. Recebeu como "prêmio" o título de o pior rei de Israel. Em vez de ser o líder de sua casa, foi liderado pela mulher e manipulado para fazer o mal.

Deus chegou ao fim de sua paciência com esse casal. Ele suportara anos de atos ímpios, mas agora as coisas chegaram ao limite. Assim como em Sodoma e em Gomorra, Deus diz com efeito: "Basta! Vocês foram longe demais!".[23]

UMA MISERICÓRDIA DEMONSTRADA

A mensagem de Elias espicaçou a consciência do rei Acabe, trazendo-lhe medo e condenação. Embora não haja evidência de genuíno arrependimento, houve certamente temor em relação às consequências de seus atos perversos. Destacaremos agora dois aspectos.

Em primeiro lugar, *uma humilhação visível* (1Reis 21:27). "Tendo Acabe ouvido estas palavras, rasgou as suas vestes, cobriu de pano de saco o seu corpo e jejuou; dormia em sacos e andava cabisbaixo." O golpe da palavra

[23] SWINDOLL, Charles R. *Elias*, p. 155.

de Deus, proferida pelo profeta Elias como espada do Espírito, atingiu Acabe. Então reconheceu que podia livrar-se de Nabote, mas não do Deus de Nabote. Reconheceu que podia subornar testemunhas e cortes, mas não o profeta de Deus. Reconheceu que podia prevalecer pela força diante dos homens, mas não diante de Deus. A dura cerviz do monarca impiedoso foi curvada, e o pior rei de Israel se humilhou diante do Senhor.

Em segundo lugar, *uma misericórdia notável* (1Reis 21:28,29). "Então, veio a palavra do Senhor a Elias, o tesbita, dizendo: Não viste que Acabe se humilha perante mim? Portanto, visto que se humilha perante mim, não trarei este mal nos seus dias, mas nos dias de seu filho o trarei sobre a sua casa." O Senhor, com misericórdia notável, não anula o juízo, mas posterga-o até o início do reinado de Jorão, filho de Acabe (2Reis 9:14-37). Charles Swindoll faz duas breves aplicações ao analisar esse capítulo: 1) A paciência de Deus tem limite. Ninguém sabe onde a linha é traçada. 2) Deus cumpre suas promessas e seus juízos. Ninguém impede isso.[24] Que Deus nos livre da impiedade! Que Deus nos proteja da idolatria! Que Deus nos poupe da prática da injustiça! Que Deus nos dê um coração humilde e quebrantado!

[24] SWINDOLL, Charles R. *Elias*, p. 157, 158.

CAPÍTULO 9

ELIAS E SEU SUCESSOR

O chamado do profeta Eliseu foi súbito e ao mesmo tempo planejado. Não foi uma escolha de Elias, mas do próprio Deus. Nas palavras de Dale Ralph Davis, "a subitaneidade é às vezes o papel de embrulho no qual chega a soberania".[1] Destacaremos três considerações sobre isso.

A vocação de Eliseu

Elias encontra Eliseu lavrando a terra com doze juntas de bois adiante dele. Isso indica que ele não era pobre. Então Elias lança sobre ele seu manto (1Reis 19:19). Esse era o sinal visível de que Eliseu tinha sido escolhido por Deus para ser sucessor de Elias, assim como Josué foi sucessor de Moisés.

Deus não escolheu Eliseu por estar desocupado. Ele era um trabalhador. Em regra, Deus ocupa os que já estão ocupados. O trabalho de Deus não é feito por quem não tem nada para fazer, mas por quem deixa tudo o que está fazendo para investir em uma causa maior e de consequências eternas.

[1] DAVIS, Dale Ralph. *1 e 2 Reis*, p. 275.

Normalmente Deus não chama os capacitados, mas capacita os chamados. Eliseu, à semelhança de Elias, não tinha credenciais para ostentar. Eram homens desconhecidos, sem nenhuma projeção social. Assim como Deus forjara Elias na bigorna das provações para usá-lo com autoridade e poder, agora com Eliseu não seria diferente.

Vocação é um chamado divino. Esse chamado é pessoal, intransferível e eficaz. Aquele que é vocacionado tem uma convicção interna e uma confirmação externa. O vocacionado sabe que foi chamado e as pessoas a sua volta o reconhecem. Eliseu não apenas recebe o chamado divino por intermédio de Elias, mas todos reconheceram a legitimidade de seu ministério.

Vocação não é quando você tem todas as portas fechadas e então conclui que Deus o está chamando para sua obra; vocação é quando você tem todas as portas abertas, mas só enxerga a porta que Deus abriu. Vocação é como uma algema invisível. Trata-se de uma convocação celestial irresistível.

Elias não apenas lançou seu manto sobre Eliseu; ele foi um exemplo para Eliseu. Elias foi seu mentor. Todos precisamos de modelos para viver. Aprendemos por observação. Mentores espirituais são uma necessidade em nossa jornada. Todo Josué precisa de um Moisés, todo Eliseu precisa de um Elias, todo Timóteo precisa de um Paulo. Quando seguimos as pegadas de homens piedosos, que percorrem as veredas da probidade, alcançamos uma vida bem-aventurada; quando, porém, seguimos os modelos errados, colhemos os amargos frutos de uma dolorosa decepção. Homens cheios do Espírito Santo são como mourões e esteios em nossa vida. São referenciais e marcos balizadores em nosso caminho. São como espelhos para nós. Quando miramos o espelho, vemos a nós mesmos. O espelho mostra quem somos e aponta onde precisamos melhorar a imagem. O espelho tem algumas características que lançam luz sobre a vida do pregador como um referencial para a igreja.

O espelho é mudo e mostra quem somos não pelo som, mas por meio da imagem. Não discursa; revela. Não alardeia; reflete. Assim deve ser o pregador. Seu sermão mais eloquente não é o sermão pregado do púlpito, mas aquele vivido no lar, na igreja e na sociedade. Ele não prega apenas aos ouvidos, mas também aos olhos. Não prega apenas com palavras, mas sobretudo com a vida e o exemplo. O exemplo não é apenas uma forma de ensinar, mas a única forma eficaz.

O espelho deve ser limpo. Um espelho embaçado e sujo não pode refletir a imagem com clareza. Quando o pregador vive uma duplicidade, quando usa máscaras e vive como um ator, quando fala uma coisa e vive outra, quando há um abismo entre o que professa e o que pratica, quando seus atos reprovam suas palavras, ficamos confusos e decepcionados. O pregador impuro no púlpito é como um médico que começa uma cirurgia sem fazer assepsia das mãos. Causará mais mal que bem.

O espelho precisa ser plano. Um espelho côncavo ou convexo distorce e altera a imagem. Precisamos ver no pregador um exemplo de vida ilibada e irrepreensível. O pecado do líder é mais grave, mais hipócrita e mais danoso em suas consequências. Mais grave porque os pecados do mestre são os mestres do pecado. E mais hipócrita porque ao mesmo tempo que combate o pecado em público, ele o pratica em segredo. Ao mesmo tempo que o condena nos outros, capitula-se à sua força e o abriga no coração. É mais danoso em suas consequências porque a queda do líder, ao pecar ele contra um conhecimento maior, torna-se ainda mais escandalosa. Quanto maior uma árvore, maior é o estrondo de sua queda. Quanto mais projeção tiver um líder, maior será a decepção com seu fracasso. Quanto mais amada for uma pessoa, maior poderá ser a dor se ela destruir com as próprias mãos o referencial em que investiu toda uma vida para nos ensinar.

Por fim, o espelho precisa ser iluminado. Sem luz, podemos ter espelho e olhos, mas ainda assim ficaremos imersos em trevas espessas. Deus é luz. Sua palavra é luz. Sempre que um líder se afasta de Deus e de sua palavra, sua luz se apaga e todos os que o miravam como alvo ficam confusos. Os mourões que sustentam os valores da sociedade estão caindo. As cercas estão se afrouxando. Os muros de nossa civilização estão quebrados, e as portas de proteção estão queimadas. Estamos expostos a toda sorte de influências destrutivas, porque muitos de nossos referenciais estão fracassando. A crise avassaladora que atinge a sociedade também alcança a igreja. Embora estejamos assistindo a uma explosão de crescimento da igreja evangélica brasileira, não temos visto a correspondente transformação na sociedade. Muitos pastores, no afã de buscar o crescimento de suas igrejas, abandonam o genuíno evangelho e se rendem ao pragmatismo prevalecente da cultura pós-moderna. Buscam não a verdade, mas o que funciona; não o que é certo, mas o que dá certo. Pregam para agradar seus ouvintes, e não para levá-los ao arrependimento. Pregam o que eles querem ouvir, e não o que precisam ouvir. Pregam outro evangelho, um evangelho antropocêntrico e não o evangelho da cruz de Cristo. Pregam não todo o conselho de Deus, mas doutrinas engendradas pelos homens. Pregam não as Escrituras, mas as revelações heterodoxas de seu próprio coração.

A consequência desse semievangelho é que muitos pastores e pregadores passam a fazer do púlpito um balcão de negócios, do templo uma praça de barganhas, onde as bênçãos e os milagres de Deus são comprados por dinheiro. Outros passam a governar as ovelhas de Cristo com dureza e rigor. Encastelam-se no topo de uma teocracia absolutista e rejeitam ser questionados. Exigem de seus fiéis uma obediência subserviente e cega. O resultado é que o povo de Deus perece por falta de conhecimento e de padrões.

A classe pastoral está em crise. Crise vocacional, crise familiar, crise teológica, crise espiritual. Quando os líderes estão em crise, a igreja também está. A igreja reflete seus líderes. Não existem líderes neutros. São uma bênção ou um entrave para o crescimento da igreja. A crise pastoral é refletida diretamente no púlpito, pois estamos vendo ali um estampado empobrecimento. Poucos são os pastores que se preparam convenientemente para pregar. Há muitos que só preparam a cabeça, mas não o coração. São cultos, mas vazios. São intelectuais, mas áridos. Têm luz, mas não fogo. Têm conhecimento, mas não unção. Pregadores rasos e secos pregam sermões sem poder para auditórios sonolentos. Se quisermos um reavivamento genuíno na igreja evangélica brasileira, os pastores são os primeiros que terão de acertar sua vida com Deus.

É tempo de orarmos por um reavivamento na vida dos pastores. É tempo de pedirmos a Deus que nos dê pastores segundo seu coração. Precisamos de homens de Deus no púlpito. Precisamos de homens cheios do Espírito, de homens que conheçam a intimidade de Deus. John Wesley dizia: "Deem-me cem homens que não amem ninguém mais do que a Deus e que não temam nada senão o pecado, e com eles eu abalarei o mundo". Que Deus nos dê nesta geração novos Elias e novos Eliseus!

A renúncia de Eliseu

Eliseu encarou o custo de seu chamado na área das afeições. Sabia que seguir Elias subordinaria para sempre outros relacionamentos. Jesus deixou isso claro: "Grandes multidões o acompanhavam, e Ele, voltando-se, lhes disse: Se alguém vem a mim, e não aborrece a seu pai, e mãe, e mulher, e filhos, e irmãos, e irmãs e ainda a sua própria vida, não pode ser meu discípulo" (Lucas 14:25,26).

Eliseu pede apenas para despedir-se do pai e da mãe, desvencilhar-se de seus bois e cortar as pontes do passado (1Reis 19:20,21). Eliseu não entrou para o ministério deixando a porta dos fundos aberta. Não fez mera experiência para ver se dava certo. Fez um churrasco da junta de bois e abraçou a vocação divina sem olhar para trás. Jesus declarou: "Ninguém que, tendo posto a mão no arado, olha para trás é apto para o reino de Deus" (Lucas 9:62).

Eliseu, ao imolar a junta de bois que usava no trabalho, está sinalizando que confia na provisão divina dali para frente. O Deus que chama é o que sustenta. Quando abraçamos a visão de Deus, jamais nos faltarão seus recursos. Há hoje uma preocupação de alguns pastores em ter uma segunda formação acadêmica, como condição indispensável para entrarem no seminário. O argumento é que não devem depender da igreja para seu sustento. Ter uma segunda formação não é um problema. Ao contrário, uma grande bênção. Entrar para o ministério com a atenção dividida, porém, vendo-o apenas como um "bico", é um sério problema. O ministério requer dedicação exclusiva. Quando Deus chama, Ele provê o sustento. O trabalhador é digno de seu salário. Eliseu não continuou administrando seu negócio com o propósito de garantir seu sustento. Ele cortou as pontes do passado e passou a confiar exclusivamente na provisão divina. O apóstolo Paulo é enfático sobre este assunto:

> Quem jamais vai à guerra à sua própria custa? Quem planta a vinha e não come do seu fruto? Ou quem apascenta um rebanho e não se alimenta do leite do rebanho? Porventura, falo isto como homem ou não o diz também a lei? Porque na lei de Moisés está escrito: Não atará a boca ao boi, quando pisa o trigo. Acaso, é com bois que Deus se preocupa? Ou é, seguramente, por nós que ele o diz? Certo que é por nós que está escrito; pois o que lavra cumpre fazê-lo com esperança; o que pisa o trigo faça-o na esperança de receber a parte que lhe é devida. Se nós vos semeamos as coisas espirituais, será muito recolhermos de vós bens materiais? Se outros participam desse direito sobre vós, não o temos nós me maior medida? [...]. Não sabeis vós que os que prestam serviços sagrados do próprio templo se alimentam? E quem serve ao altar do altar tira o seu sustento? Assim ordenou o Senhor aos que pregam o evangelho que vivam do evangelho (1Coríntios 9:7-14).

A humildade de Eliseu

Eliseu foi chamado, a princípio, para servir a Elias: "... então, se dispôs, e seguiu a Elias, e o servia" (1Reis 19:21b). Não é esse um trabalho muito glamoroso. Alguns anos mais tarde, depois da partida de Elias, uma coalizão de reis, incitada por Josafá, rei de Judá, queria obter orientação de um dos profetas de Yahweh. Um servo do rei de Israel conhecia um disponível: "Aqui está Eliseu, filho de Safate, que deitava água sobre as mãos de Elias". Não era um ministério incrível; era simplesmente um servo pessoal de Elias.[2] A humildade é o portal da honra, ao passo que a soberba é a autopista do fracasso.

Quem não se dispõe a fazer um trabalho humilde não está preparado para as grandes obras. O próprio Filho de Deus veio para servir. Enquanto seus discípulos disputavam prestígio na feira das vaidades, assentados ao redor da mesa da Páscoa, Jesus levantou-se, cingiu-se com uma toalha, tomou a bacia e passou a lavar-lhes os pés. Depois de lhes ter lavado os pés, tomou das vestes e, voltando à mesa, disse-lhes: "Vós me chamais o Mestre e o Senhor e dizeis bem; porque eu o sou" (João 13:13). No reino de Deus, a pirâmide está invertida. O Reino de Deus é o reino de ponta-cabeça. O maior é o menor. O maior é o que serve. Certamente, quem não vive para servir não serve para viver.

[2] DAVIS, Dale Ralph. *1 e 2 Reis*, p. 279.

CAPÍTULO 10

ELIAS, O MENSAGEIRO DE DEUS

O Segundo Livro dos Reis não aborda uma nova história, mas é a continuação do primeiro livro. O rei Acabe está morto, mas Acazias, seu filho e sucessor, é um "Acabe júnior". A dinastia de Onri é uma tragédia em grau superlativo. É um caminhão sem freio, ladeira abaixo, rumo à tragédia.

Acazias reinou apenas dois anos (1Reis 22:52). Seu reinado foi um desastre. O escritor sagrado registra: "Fez o que era mau perante o Senhor; porque andou nos caminhos de seu pai, como também nos caminhos de sua mãe e nos caminhos de Jeroboão, filho de Nebate, que fez pecar a Israel. Ele serviu a Baal, e o adorou, e provocou à ira ao Senhor, Deus de Israel, segundo a tudo quanto fizera seu pai" (1Reis 22:53,54).

Harvey Finley destaca dois aspectos do reinado de Acazias: em primeiro lugar, continuou com o depravado culto aos bezerros que Jeroboão realizava em Betel e em Dã, e, em segundo lugar, ele mesmo era um adorador de Baal. A influência de Jezabel aparentemente começava a se fazer presente. As forças do mal não desistem facilmente; mesmo depois de exterminadas, elas muitas vezes se reagrupam e tentam voltar rapidamente.[1]

O ministério do profeta Elias esteve relacionado especialmente com a família do rei Acabe. O tesbita confrontou Acabe, Jezabel e Acazias no Reino do Norte e escreveu uma carta condenatória a Jeorão, genro de Acabe, no Reino do Sul.

Charles Swindoll diz que Elias era famoso, mas não popular. Todo o mundo — especialmente o rei — queria pôr as mãos naquele estranho vidente que saíra de lugar nenhum, lançando maldição sobre a vida deles. Certamente, o confronto heroico e bem-sucedido de Elias com os profetas e sacerdotes de Baal e Aserá no monte Carmelo somente intensificou a determinação de seus inimigos em derrubá-lo do pedestal da invencibilidade.[2]

As divisões do capítulo a seguir desenvolvem alguns dados importantes sobre a disposição do coração de Deus.

Deus não tolera a idolatria

Israel tem um novo rei, mas não um novo rumo. Acazias é mais do mesmo. O filho não é melhor do que o pai. Cumpre fazer aqui algumas observações.

[1] FINLEY, Harvey E. *O Livro de Reis*. Comentário Bíblico Beacon, vol. 2, p. 342.

[2] SWINDOLL, Charles R. *Elias*, p. 164.

Em primeiro lugar, *o rei Acabe está morto* (2Reis 1:1). Acabe foi o pior rei de Israel, e em grande parte por causa da maligna influência de Jezabel, sua mulher. Esse rei insultou a Deus com seus pecados. Tolerou que a falsa religião fosse promovida em seu reino. Assistiu passivamente à sua mulher perseguindo e matando os profetas de Deus. Mesmo depois de confrontado várias vezes, permaneceu com cerviz endurecida e jamais abandonou sua tosca idolatria. Seu reino foi marcado por apostasia religiosa, depravação moral e opressão política. Deus, porém, pôs fim a sua vida e a seu reino. Os poderosos deste mundo também morrem. A lâmpada deles se apaga. O dia deles chega, e Deus então diz: "Basta!". A morte do rei Acabe, porém, não significava que tudo estava bem outra vez na terra de Israel. Seu sucessor continua com os mesmos desatinos, cometendo as mesmas torpezas.

Em segundo lugar, *o rei Acazias está doente* (2Reis 1:2). Sabemos pouco sobre o rei Acazias, filho de Acabe, a não ser que sofreu um acidente doméstico, do qual nunca se recuperou. Ele caiu pelas grades de um quarto alto, em Samaria, e adoeceu. Sua doença se agravou. A enfermidade chega para reis e vassalos, chefes e servos, governantes e governados. A doença revela a vulnerabilidade humana. Chega uma hora em que o poder, o dinheiro e a ciência não podem trazer alívio nem mesmo esperança. A enfermidade limitou seu desempenho no governo e a morte encerrou sua atividade política.

Em terceiro lugar, *o rei Acazias não se apartou da idolatria* (2Reis 1:2b). Há um ditado popular que diz: "Quem não vem pelo amor vem pela dor". O que abranda o coração, deixando-o quebrantado, porém, não é o sofrimento, mas a graça de Deus. Sem a graça, a dor só potencializa a rebelião contra Deus (Apocalipse 16:8-11). O mesmo sol que amolece a cera endurece o barro. Acazias não aprendeu com os erros dos pais. Ele foi testemunha da inoperância e da impotência de Baal. Testificou o poder do Senhor, que reteve as chuvas e manifestou-se pelo fogo. Ao cair no leito da enfermidade, em vez de buscar socorro no Senhor, Acazias enviou mensageiros a consultar Baal-Zabube, deus de Ecrom, para saber se sararia de sua doença. Acazias não pediu cura, apenas um prognóstico.

É digno de nota que o templo de Baal em Ecrom era bastante famoso, pois Baal era o deus principal daquela cidade, e se esperava que os reis buscassem ajuda naquele local. Ecrom era uma das cinco maiores cidades filisteias, conhecida pela prática da adivinhação (1Samuel 5:10; 6:2; Isaías 2:6). Esse templo na Filístia estava a 72 quilômetros de Samaria. Quando Acazias envia seus mensageiros à Filistia, insinua que Israel não tem Deus; quando recorre a Baal-Zebube, está sugerindo que Yahweh é insuficiente, impotente e irrelevante.[3]

A idolatria é uma consumada insensatez. O momento de Acazias era crucial, mas o recurso que buscou era

[3] DAVIS, Dale Ralph. *1 e 2 Reis*, p. 351.

completamente inócuo. O espectro de sua morte não lhe abriu os olhos para o bom senso, antes o manteve prisioneiro de uma densa cegueira. Como diz acertadamente Dale Ralph Davis: "Na morte não é hora de brincar com opções religiosas sem perspectiva. Precisamos buscar aquele que tem as palavras de vida eterna (João 6:68). Mas eis Acazias, prestes a transpor a fronteira da vida rumo à eternidade, sem nada, exceto Baal, um deus falso".[4]

Tony Merida enfatiza que o rei acreditava que sua esperança estava depositada em um deus pagão, o mesmo deus que Yahweh, por intermédio de Elias, já havia desacreditado no monte Carmelo. Ironicamente, de acordo com a lei de Israel, o pecado de se voltar para um deus pagão era passível de morte, pois Moisés escreveu: "Quem sacrificar aos deuses e não somente ao Senhor será destruído" (Êxodo 22:20).[5] Quem era Baal? Baal significa "senhor". Já o termo Zebube significa "mosca". Baal-Zebube, portanto, significa "senhor das moscas", um dos nomes que os inimigos de Jesus usaram para insultá-lo.[6]

Acazias não se quebranta nem mesmo diante da enfermidade. Embora tivesse evidências da impotência de Baal e de que o Senhor é o Deus todo-poderoso, recorre a Baal na hora da necessidade. A idolatria é uma cegueira espiritual. Entorpece a mente, endurece o coração e

[4] DAVIS, Dale Ralph. *1 e 2 Reis*, p. 351.

[5] MERIDA, Tony. *Christ-Centered Exposition — 1 & 2 Kings*, p. 185.

[6] WIERSBE, Warren W. *Comentário bíblico expositivo*, vol. 2, p. 492.

cega os olhos espirituais. Dale Ralph Davis destaca que o apelo de Acazias a Baal não foi um reflexo automático em uma emergência súbita. Baal sempre foi a divindade escolhida por Acazias (1Reis 22:52,53). Ele nunca teve espaço para Yahweh. Sua idolatria foi por preferência, não por ignorância ou fraqueza.[7] Na verdade, o rei Acazias era um idólatra de carteirinha.

O apóstolo Paulo, escrevendo aos coríntios, declara que, embora os ídolos sejam uma nulidade, quem está por trás deles são os demônios.

> Que digo, pois? Que o sacrificado ao ídolo é alguma coisa? Ou que o próprio ídolo tem algum valor? Antes, digo que as coisas que eles sacrificam, é a demônios que as sacrificam e não a Deus; e eu não quero que vos torneis associados aos demônios (1Coríntios 10:19,20).

Em quarto lugar, *o Anjo do Senhor manda Elias interceptar os mensageiros do rei Acazias* (2Reis 1:3). Elias está de volta às ruas. Aquele que foi chamado por Acabe de "perturbador de Israel" e de "meu inimigo", que profetizou a morte de Acabe e de Jezabel, que vaticinou a destruição completa de toda a família de Acabe, entra em ação novamente, e agora para interceptar os mensageiros do rei. Elias os aborda e os confronta com a seguinte pergunta:

[7] DAVIS, Dale Ralph. *1 e 2 Reis*, p. 349.

"... porventura, não há Deus em Israel, para irdes consultar Baal-Zebube, deus de Ecrom?" (2Reis 1:3b).

A idolatria não é apenas uma substituição do Deus vivo por um ídolo morto, mas também uma afronta ao Deus todo-poderoso. Deixar o Senhor para buscar os ídolos dos povos é como abandonar a fonte das águas vivas para cavar uma cisterna rota que não retêm água (Jeremias 2:13).

Essa interceptação de Elias aos mensageiros de Acazias é severa e ao mesmo tempo misericordiosa. Deus estava dando uma última chance de arrependimento ao rei. Deus alertou ao monarca mais vez acerca da verdade incontroversa de que só o Senhor é Deus.

Em quinto lugar, *o Senhor pune o rei Acazias com sentença de morte* (2Reis 1:4). Em virtude da contumaz idolatria do rei, sua morte é decretada. O profeta Elias é enfático ao falar em nome do Senhor: "Da cama a que subiste, não descerás, mas, sem falta, morrerás". Fica evidente que a mensagem de Elias é tanto pergunta (2Reis 1:3) quanto juízo (2Reis 1:4). Não é Elias quem está sentenciando o rei à morte, mas o próprio Senhor. É o Senhor quem dá a vida e a tira, quem exalta e humilha (1Samuel 2:6-8). Acabe ficara no poder 22 anos, mas Acazias teve seu mandato encerrado em apenas dois anos. Baal não tem poder para curar, mas o Senhor tem autoridade para matar. Acazias não foi auxiliado por Baal, mas foi sentenciado à morte pelo Senhor.

Dale Ralph Davis lança luz sobre o assunto:

> Como Yahweh, na sua santidade feroz e indomável, pode sentenciar um homem à morte simplesmente por exercer suas preferências religiosas num momento crucial da sua vida? Yahweh aqui não é o tipo de Deus democrático que as pessoas desejam, de acordo com as pesquisas de opinião. Nossa época preferiria a mitologia do Antigo Oriente Próximo, na qual deuses e deusas eram permissivos e casuais e nunca insistiam em lealdade exclusiva. Nenhuma dessas divindades consideravam um insulto se um dos seus devotos quisesse ser ecumênico em sua devoção. Porém, o primeiro mandamento do decálogo é explícito: "Não terás outros deuses diante de mim" (Êxodo 20:3).[8]

Em sexto lugar, *o retorno dos mensageiros do rei Acazias* (2Reis 1:5,6). Tendo os mensageiros de Acazias ouvido as palavras de Elias, não prosseguiram em sua missão, mas retornaram a Samaria, causando admiração ao rei, que perguntou: "Que há, por que voltastes?". Eles responderam: "Um homem nos subiu ao encontro e nos disse: Ide, voltai para o rei que vos mandou e dizei-lhe: Assim diz o Senhor: Porventura, não há Deus em Israel, para que mandes consultar Baal-Zebube, deus de Ecrom? Portanto, da cama a que subiste, não descerás, mas, sem falta, morrerás". A autoridade profética de Elias foi suficiente para interromper a missão dos mensageiros do rei. Eles

[8] DAVIS, Dale Ralph. *1 e 2 Reis*, p. 348, 349.

não só abortaram a viagem em que iam a consultar o deus de Ecrom, mas também retornaram ao rei e repetiram integralmente a mensagem do profeta Elias.

Em sétimo lugar, *o reconhecimento de Elias* (2Reis 1:7,8). Acazias conhecia não apenas a fama de Elias, mas também sua aparência. Com o fito de identificar qual profeta havia anunciado sua morte, pergunta: "Qual era a aparência do homem que vos veio ao encontro e vos falou tais palavras?". Eles responderam: "Era homem vestido de pelos, com os lombos cingidos de um cinto de couro". Acazias logo reconheceu que se tratava de Elias, o tesbita, o homem que não dera refresco à família do rei Acabe. Elias não vendeu sua consciência, não transigiu seus valores, tampouco tornou a mensagem mais palatável para agradar ao rei. Foi contundente e enfático. Atacou o rei como um escorpião do deserto. Denunciou sua postura rebelde de abandonar o Senhor para buscar ajuda em Baal-Zebube, um deus pagão. Elias não era um profeta da conveniência, mas um arauto do Rei dos reis. Não era um alfaiate do efêmero, mas um escultor do eterno.

Deus protege suas testemunhas

Donald Wiseman destaca que Acazias é reprovado por consultar um deus estranho (2Reis 1:2-8) e por sua tentativa de reverter a desaprovação do Senhor a seu respeito (2Reis 1:9-17). A questão continua sendo a mesma do episódio do monte Carmelo. Deus mostra, por meio do fogo, que não dividirá sua glória com nenhum outro deus.[9]

Em vez de o rei Acazias se humilhar sob a mão de Deus, endureceu ainda mais seu coração. Embora tivesse sido sentenciado de morte, não se dispôs a se humilhar. Ao contrário, resistiu ao Senhor e tentou prender e matar o profeta de Deus, como mais tarde Herodes Antipas fez com João Batista (Mateus 14:1-12). O Senhor, porém, recusa-se ser controlado pelo homem. Ninguém consegue lutar contra Deus e prevalecer. O Senhor é poderoso para julgar os homens e proteger suas testemunhas.

Acazias enviou um capitão com cinquenta soldados para prender Elias, que estava assentado no cume do monte. Essa tropa não foi fazer a Elias um convite para um jantar de gala no palácio. Não era uma comitiva diplomática, convidando Elias para um encontro amigável com o rei, mas um exército com o propósito de levá-lo preso. Acazias, à semelhança do rei Acabe, tentou controlar a palavra do profeta. O capitão do exército de Acazias chamou Elias de homem de Deus, mas em seguida deu uma ordem em nome do rei: "Desce!". Essa postura do capitão retrata a hostilidade de Acazias pelo profeta e sua esperança de silenciar sua profecia, prendendo-o. Acreditava poder controlar o oráculo divino submetendo o profeta a sua autoridade.

[9] WISEMAN, Donald J. *1 e 2 Reis: introdução e comentário*, p. 169.

Elias não se intimida com o pelotão militar nem obedece à ordem do rei. Ao contrário, disse: "Se eu sou homem de Deus, desça fogo do céu e te consuma a ti e aos teus cinquenta. Então, fogo desceu do céu e o consumiu a ele e aos seus cinquenta" (2Reis 1:10). Isso não foi vingança pessoal. O fogo não surgiu das mãos de Elias, mas do céu. Isso foi uma manifestação de juízo da parte de Deus contra o rei e seu exército.

Acazias não se sensibiliza com a morte do capitão e dos cinquenta soldados, nem se humilha diante do julgamento divino. Envia outro capitão, a liderar um novo destacamento de cinquenta soldados, com a missão de capturarem Elias. Esse capitão é ainda mais enfático: "Homem de Deus, assim diz o rei: Desce depressa". Agora não é apenas uma ordem, mas sua mensagem tem senso de urgência. O primeiro capitão enfatizou a autoridade real: "O rei ordenou: Desça"; o segundo exige rapidez: "O rei ordenou: Desça depressa". Essa é uma espécie de ameaça intimidatória. Elias responde a esse novo capitão da maneira anterior: "Se eu sou homem de Deus, desça fogo do céu e te consuma a ti e aos teus cinquenta. Então, fogo de Deus desceu do céu e o consumiu a ele e aos seus cinquenta" (2Reis 1:12). Fica evidente, como já declaramos, que esses soldados não foram a Elias para levá-lo ao rei como uma guarda de honra. O palácio pretendia usar sua polícia para se livrar do profeta.

A insensatez de Acazias, entretanto, custou o sacrifício de 102 homens de seu exército. É claro que Deus não pode ser manipulado nem seus mensageiros podem ser atingidos quando o Senhor se levanta para protegê--los. John Goldingay diz, acertadamente, que o próprio Acazias, bem como seus soldados, não está meramente impondo-se contra outro ser humano, mas impondo-se contra Deus.[10]

Harvey Finley afirma, corretamente, que o fogo que consumiu as duas tropas de soldados foi outra manifestação da sagrada ira de Deus contra Baal.[11] O fogo também funcionou como proteção do portador da palavra de Deus. É importante ressaltar que, mesmo no tempo de Elias, o Senhor não concedeu imunidade a todos os profetas dos massacres sangrentos de Jezabel. Ainda assim, nesse caso, Elias é protegido das garras de Acazias. Fica evidente que nenhum rei, déspota ou tirano deste mundo conseguirá algum dia exterminar completamente o testemunho da palavra de Deus neste mundo.[12] Onde estão hoje os faraós do Egito? Onde está o poder dos filisteus? Onde está a força de Senaqueribe, do poderoso Império Assírio? Onde está o poder de Nabucodonosor, rei da Babilônia? Onde está o poder de Ciro ou Dario, do Império Medo-Persa? Onde está a destreza de Alexandre, o Magno, do grande Império Greco-Macedônio? E

[10] GOLDINGAY, John. *Históricos para todos — 1 e 2 Reis*, p. 154.

[11] FINLEY, Harvey E. *O Livro de Reis*. Comentário Bíblico Beacon, vol. 2, p. 343.

[12] DAVIS, Dale Ralph. *1 e 2 Reis*, p. 355.

os afamados e poderosos imperadores romanos, onde estão? Todos caíram. Todos passaram. A história deles foi coberta pela poeira do tempo. Mas o Senhor, o Deus dos Exércitos, está no trono. Ele reina. Ele levanta reinos e abate reinos. Ele coloca reis no trono e os faz apear do poder. Ninguém pode lutar contra o Senhor e prevalecer.

Nunca é demais enfatizar que essas duas demonstrações da ira de Deus sobre os soldados de Acazias não são uma manifestação de irritação por parte de Elias, nem mesmo injustiça da parte de Deus. Esses dois episódios de julgamento abrasador foram mensagens dramáticas do Senhor, avisando que o rei e a nação deveriam arrepender-se ou provariam o julgamento de Deus. Na verdade, o Deus de Israel é fogo que consome (Deuteronômio 4:24; 9:3; Hebreus 12:29).[13] A ordem é expressa: arrepender e viver, ou não se arrepender e morrer. Só há duas escolhas: vida ou morte. Donald Wiseman corrobora, dizendo: "Elias não agiu a mando de uma vingança particular, mas sim em nome de Deus, e este tipo de julgamento divino também se faz claro no Novo Testamento (Hebreus 12:29; Apocalipse 11:5; 2Tessalonicenses 1:7-9).[14]

Dale Ralph Davis levanta a questão da função do fogo. Por que fogo (2Reis 1:10b,12b)? Qual era o objetivo do Senhor ao enviar seu juízo nessa forma? Ele responde:

[13] WIERSBE, Warren W. *Comentário bíblico expositivo*, vol. 2, p. 493.

[14] WISEMAN, Donald J. *1 e 2 Reis: introdução e comentário*, p. 170.

Não se pode entender 2Reis 1 sem que nos lembremos de 1Reis 18. Essa passagem relata a "disputa de deuses" no monte Carmelo, ou seja, Yahweh contra Baal. O fogo era o assunto ardente do dia: o Deus que respondesse com fogo revelaria ser o Deus verdadeiro (1Reis 18:21,23-24,36-39). Era uma questão de prova. Essa é a função do fogo em 2Reis 1 também. O rei Acazias, com certeza, sabia o que havia acontecido apenas alguns anos antes no monte Carmelo. Foi um caso público, coberto no horário nobre, por todas as redes de notícias. O dia do Carmelo estabeleceu o fato: Yahweh é o Deus verdadeiro, Baal é uma triste entidade falsa. Mas Acazias não entendeu o ponto. Quando ele precisou urgentemente de cuidados de saúde, apelou para Baal, o Baal perdedor. O que você faz quando alguém é tão estúpido, que não entende o que significa o fogo (1Reis 18:38)? Você envia mais fogo (2Reis 1:10b,12b). O ponto é o mesmo, isto é, Yahweh é o único Deus. Todavia, o fogo não é apenas uma demonstração (como no Carmelo em 1Rs 18), mas, também, destrutivo (102 restos mortais tostados, graças a Acazias). O primeiro mandamento do decálogo realmente importa para Yahweh, e Acazias simplesmente não entendeu isso.[15]

Deus abate o orgulho humano

O rei é reincidente no erro e contumaz em sua rebelião. Mesmo em face da morte dos capitães e soldados, envia

[15] DAVIS, Dale Ralph. *1 e 2 Reis*, p. 354.

um terceiro pelotão militar para levarem Elias preso. O terceiro capitão, porém, teve uma atitude diferente. Em vez de chegar diante de Elias com empáfia e arrogância, humilha-se diante do profeta de Deus, pondo-se de joelhos diante dele, com súplicas: "Homem de Deus, seja, peço-te, preciosa aos teus olhos a minha vida, e a vida destes cinquenta, teus servos; pois fogo desceu do céu e consumiu aqueles dois primeiros capitães de cinquenta, com os seus cinquenta; porém, agora, seja preciosa aos teus olhos a minha vida" (2Reis 1:13,14). Esse terceiro capitão é diferente dos outros em postura e propósito. Ele se ajoelhou, implorou, tremeu e sobreviveu. Dale Ralph Davis tem razão em dizer: "Melhor estar tremendo e vivo do que ser uma poça de carbono".[16]

Como o terceiro capitão demonstrou humildade, o Anjo do Senhor disse a Elias: "Desce com este, não temas. Levantou-se e desceu com ele ao rei" (2Reis 1:15). Ninguém vence o Senhor em uma queda de braço. Ninguém ameaça a Deus e sai vitorioso. Enquanto os enviados de Acazias deram ordens a Elias e ordens expressas para que descesse ao rei, foram consumidos pelo fogo. Agora que o terceiro capitão demonstrou humildade, Elias é encorajado pelo Anjo do Senhor a descer, sem nenhum temor, a fim de comparecer perante o rei enfermo. A mesma sentença de morte lavrada contra o rei agora deve ser dita

[16] DAVIS, Dale Ralph. *1 e 2 Reis*, p. 357.

em sua cara. A palavra de Deus não se curva diante dos poderosos.

Deus cumpre suas ameaças

Agora Elias está novamente cara a cara com um membro da família do rei Acabe. Acazias é filho e sucessor do mais perverso rei de Israel. Elias não desce a Samaria para trazer congratulações ao rei, nem mesmo para dizer que ele ficará curado de sua enfermidade. A coragem de Elias era notória. Não vai ao palácio por ordem de Acazias, mas vai em obediência à ordem expressa do Senhor. Mesmo cercado por soldados que queriam sua cabeça a prêmio, ressentidos pela morte de 102 membros do exército, o profeta, sobranceiro, chega à presença do rei como mais tarde, em 1521, Lutero enfrentou a Dieta de Worms. Ele manteve-se heroicamente firme e entregou a mensagem de Deus recusando-se a atenuar sua gravidade. Charles Swindoll escreve: "Que surjam mais homens assim nesses dias de teologia rasa e voltada apenas ao bem-estar, tão popular nos ministérios superficiais de hoje em dia".[17]

É importante fazer a esse propósito duas considerações.

Em primeiro lugar, *Elias confronta o rei Acazias* (2Reis 1:16). Elias corajosamente reprova a atitude do rei de enviar mensageiros a consultar Baal-Zebube, o deus de Ecrom, em vez de consultar ao Senhor, o Deus de Israel. O profeta de Deus não se intimida nem se vende.

[17] SWINDOLL, Charles R. *Elias*, p. 172.

Assim como o profeta Micaías fora portador da derrota e da morte de Acabe em Ramote-Gileade, agora Elias é portador da morte de Acazias, filho de Acabe.

Em segundo lugar, *Elias comunica a sentença de morte ao rei Acazias* (2Reis 1:16b,17). A sentença de morte proferida por Elias é certeira e rápida: "Portanto, desta cama a que subiste, não descerás, mas, sem falta, morrerás". Como Deus cumpre suas ameaças, o rei Acazias, que se tornara um prisioneiro do "senhor das moscas", morreu. A morte de Acazias não procedeu de Baal-Zebube nem de Elias, mas de Deus. Está escrito: "Assim, pois, morreu, segundo a palavra do Senhor, que Elias falara..." (2Reis 1:17). Curiosamente, o escritor não relata como o rei governou, mas, sim, como morreu (2Reis 1:18). Na extrema necessidade de sua vida, estando nos portais da morte, Acazias não buscou o Deus vivo, mas foi atrás de Baal para saber do futuro. Isso é tudo o que sabemos sobre esse rei. Sua atitude foi insensata e estúpida.

Charles Swindoll alerta:

> Hoje em dia um número incontável de pessoas busca saber o futuro. Os jornais e as revistas trazem colunas de horóscopo. As redes de televisão fazem propaganda de linhas diretas para conversar com esotéricos. Há anúncios de leitoras de mão pregados nos pontos de ônibus. Gôndolas ao lado dos caixas dos supermercados oferecem livretos sobre astrologia, horóscopo e outros assuntos ligados ao ocultismo. A internet dá

> uma vasta gama de informações para as pessoas que estejam interessadas em obter informações sobre seu futuro e seu destino [...]. Tal qual os ídolos de pedra e madeira de Ecrom, estes videntes dos dias atuais são os substitutos de nossa confiança no Deus vivo. Aqueles que os procuram para saber o futuro estão procurando informações em fontes ligadas ao "senhor das moscas" dos dias atuais.[18]

A quem devemos procurar? Ídolos? Falsos deuses? Salvadores fajutos? O texto que consideramos ensina-nos a colocar a confiança única e exclusivamente no Senhor, o Deus todo-poderoso!

[18] SWINDOLL, Charles R. *Elias*, p. 172, 173.

CAPÍTULO 11

ELIAS, O CARTEIRO DE DEUS

O Segundo Livro dos Reis não segue uma ordem cronológica rígida. Prova disso é que no capítulo 2 há o registro da subida de Elias para o céu, mas, no capítulo 8, temos o registro do reinado de Jeorão, filho do rei Josafá e genro do rei Acabe, a quem Elias envia uma carta.

Esse episódio está mais detalhadamente narrado em 2Crônicas 21:12-15. O cronista menciona uma carta do profeta Elias ao rei Jeorão, rei de Judá, que governou oito anos em Jerusalém. Robert Sawyer defende a ideia de que a mensagem de Elias foi entregue a Jeorão depois de o profeta ter sido elevado ao céu em um redemoinho.[1] Entendo, porém, que essa interpretação não está correta. O arrebatamento do profeta Elias é registrado em 2Reis 2:11, mas o rei Jeorão de Judá, filho de Josafá, é mencionado em 2Reis 1:17. Isso significa que Elias ainda estava exercendo seu ministério e ministrando no início do reinado de Jeorão. Elias pessoalmente está confrontando

[1] SAWYER, Robert L. *Os Livros das Crônicas.* Comentário Bíblico Beacon, vol. 2, p. 463.

mais um rei ligado à família do rei Acabe para trazer uma mensagem de juízo para ele, sua família e a seu reino. Warren Wiersbe diz que provavelmente a redação dessa carta para o rei de Judá tenha sido um dos últimos atos do ministério de Elias.[2]

O ministério de Elias, portanto, transpõe as fronteiras do Reino do Norte e chega ao Reino do Sul. Profetiza não apenas em Israel, mas também em Judá. O detalhe é que Jeorão está ligado à família do rei Acabe, pois Atalia, sua mulher, é filha de Acabe e Jezabel.

Destacaremos a seguir alguns aspectos da vida de Jeorão.

Os privilégios de Jeorão

Jeorão nasceu em berço de ouro. Era neto de rei, filho de rei e herdou o trono para reinar em Judá. Não bastasse esse inaudito privilégio, Asa, seu avô, foi um grande rei, e Josafá, seu pai, foi um dos reis mais destacados de Judá. Josafá havia preparado o caminho para o filho. Josafá tratava bem a todos os filhos, dando-lhes régios presentes. O cronista acrescentou uma lista de muitos filhos de Josafá para exaltá-lo como pessoa abençoada por Deus (2Crônicas 21:2,3). Richard Pratt Jr. destaca que a segunda porção do reino dividido cobre os reinados de Jeorão (2Crônicas

[2] WIERSBE, Warren W. *Os Livros de Reis.* Comentário Bíblico Expositivo, vol. 2, p. 524.

21:4-21), Acazias (2Crônicas 22:1-9), Atalia (2Crônicas 22:10-23:21) e Joás (2Crônicas 24:1-27).[3]

Destacaremos a seguir dois grandes privilégios de Jeorão.

Em primeiro lugar, *Jeorão era filho do rei Josafá* (2Crônicas 21:1). Jeorão, neto de Asa e filho de Josafá, tem berço. Corre em suas veias sangue azul. Mas não se tratava apenas de proceder de uma família real. Seu avô e seu pai eram homens piedosos, que andaram com Deus e fizeram o que era reto perante o Senhor. Jeorão teve exemplo dentro de casa. Bebeu do leite da piedade desde a infância (2Crônicas 17:4,6). Além de ter vivido nos dias áureos da prosperidade de Judá, viveu em um tempo de grandes reformas espirituais na nação.

Em segundo lugar, *Jeorão herdou o trono do pai* (2Crônicas 21:3). Josafá era um rei poderoso e um homem muito rico. Os presentes que dava aos filhos não podiam ser embrulhados. Ele generosamente dava cidades, ouro e prata aos filhos. Mas o reino, Josafá o deu a Jeorão por ser ele o primogênito. Jeorão herda o trono do pai, o Reino de Judá. Herda-o em um de seus períodos de glória, riqueza e prosperidade. Embora nem todos os sucessores dinásticos fossem primogênitos, parece-nos que Josafá entregou o reino a Jeorão por esse motivo e não por seu caráter. O profeta Elias disse da parte do Senhor:

[3] PRATT JR, Richard L. *1 e 2 Crônicas*, p. 478.

> Assim diz o Senhor, Deus de Davi, teu pai: Porquanto não andaste nos caminhos de Josafá, teu pai, e nos caminhos de Asa, rei de Judá, mas andaste nos caminhos dos reis de Israel, e induziste à idolatria a Judá e os moradores de Jerusalém, segundo a idolatria da casa de Acabe, e também mataste a teus irmãos, cada de teu pai, melhores do que tu, eis que o Senhor castigará com grande flagelo ao teu povo, aos teus filhos, às tuas mulheres e todas as tuas possessões. Tu terás grande enfermidade nas tuas entranhas, enfermidade que aumentará dia após dia, até que saiam as tuas entranhas (2Crônicas 21:12-15).

Os perigos de Jeorão

Os privilégios não anulam os perigos. Jeorão fez escolhas erradas, e o cronista destaca três decisões desastrosas desse novo monarca.

Em primeiro lugar, *decisão errada quanto ao casamento* (2Crônicas 21:6). O reinado de Josafá já havia antecipado o problema da associação com os nortistas perversos (2Crônicas 19:1-3; 20:35-37). Jeorão buscou uma aliança de casamento com o Norte da mesma forma que o pai, Josafá (2Crônicas 18:1). Jeorão, mesmo com tantas jovens de famílias piedosas em Judá, vai buscar Atalia, filha de Acabe e Jezabel, para se casar. Atalia influenciou Jeorão na direção do mal da mesma forma que fez com o filho, Acazias (2Crônicas 22:3). Acabe foi o pior rei de Israel, e Jezabel era mandona, feiticeira e assassina. Jezabel impôs à força da espada o baalismo no Reino do Norte, perseguindo e matando os profetas do Senhor. Jeorão entrou na família errada. Seu casamento com Atalia foi a causa de sua destruição e o motivo da decadência de Judá. O cronista escreve: "Andou nos caminhos dos reis de Israel, como também fizera os da casa de Acabe, porque a filha deste era sua mulher; e fez o que era mau perante o Senhor" (2Reis 1:6). Atalia causou muitos males à casa de Davi, inclusive sua oposição ao rei Joás, cujo reinado terminou em corrupção (2Crônicas 22:10—24:27). O cronista enfoca a corrupção que chegou a Judá por causa da aliança com as pessoas perversas de Israel, o Reino do Norte.[4]

O texto de 2Reis 8:19 nos informa: "Porém, o Senhor não quis destruir a Judá por amor de Davi, seu servo, segundo a promessa que lhe havia feito de lhe dar sempre uma lâmpada e a seus filhos". O cronista, por sua vez, explica que "Deus não quis destruir a casa de Davi" (2Crônicas 21:7). Richard Pratt Jr. afirma que essa mudança chamou a atenção para a insistência do cronista, que a dinastia de Davi fazia parte do reino de Israel, mesmo no período pós-exílico. Deus recusou destruir a linhagem davídica por causa da aliança que fizera com Davi (2Crônicas 21:7). A aliança davídica estabelecia a família de Davi como dinastia permanente sobre Israel (2Samuel 7; salmos 89 e 132).[5]

[4] PRATT JR., Richard L. *1 e 2 Crônicas*, p. 479.

[5] PRATT, JR, Richard L. *1 e 2 Crônicas*, p. 483, 484.

Em segundo lugar, *decisão errada quanto à família* (2Crônicas 21:4,12,13). Logo que Jeorão assumiu o trono do pai, tendo-se fortificado por insegurança, cometeu crimes hediondos. A consolidação do poder era um objetivo importante de todo e qualquer rei. Estabelecia seu controle e poder sobre os oponentes. Por influência da mulher, ao assumir o trono, Jeorão, sendo o primogênito entre seis irmãos, mata todos os irmãos à espada, e ainda alguns dos príncipes de Israel. O cronista não explica por que Jeorão matou os irmãos. Ao que parece, matou-os impiedosamente a fim de eliminar qualquer possibilidade de competição ao trono (Juízes 9:56; 2Reis 10:11). Sem nenhuma afeição natural, matou os irmãos, que eram melhores que ele. Exterminou os supostos concorrentes ao trono. Perdeu de vista o amor familiar. Tornou-se um fratricida.

Em terceiro lugar, *decisão errada quanto a Deus* (2Crônicas 21:11,12). O rei Jeorão liderou o povo para o mal. Jogou fora o legado do avô e do pai e implantou em Judá a idolatria, a falsa religião. Por influência do sogro, da sogra e da mulher, também jogou fora todo o legado recebido do pai e do avô. Desfez tudo o que seus ancestrais haviam construído. Entrou pela estrada errada da apostasia. Seduziu os habitantes de Jerusalém à idolatria. Tomou a postura de mestre, mas para ensinar o erro. Fez Judá desgarrar do caminho certo. Fica evidente que um líder nunca é neutro. É bênção ou maldição. O rei Jeorão foi maldição para seu reino. Richard Pratt Jr. afirma com razão que o único motivo para o trono de Judá não ter sido totalmente destruído durante o reinado de Jeorão foi o favor divino para com Davi. Em outras palavras, Jeorão nada fez para aplacar a ira de Deus. Merecia punição, mas o amor de Deus por Davi arrefeceu a resposta divina a seus pecados.[6]

PREJUÍZOS

A lei da semeadura e da colheita é certa. Jeorão podia fazer suas escolhas erradas, só não podia evitar as consequências. O profeta Elias, que já havia confrontado os reis Acabe e Acazias, do Reino do Norte, agora confronta o rei Jeorão, do Reino do Sul. Elias não comparece em Jerusalém, mas envia uma carta ao rei em Jerusalém. A carta enviada por Elias não é encontrada nos livros de Reis, e é surpreendente. Elias não foi um profeta escritor, nem profetizou no Reino do Sul. No entanto, a carta trata mesmo de uma situação bem "nortista" no Reino do Sul.

Essa carta é um libelo acusatório, uma denúncia severa e ao mesmo tempo uma sentença de morte. Richard Pratt Jr. diz que a carta de Elias a Jeorão (2Crônicas 21:12-15) forma um ponto crítico no reinado, porque revisa os pecados anteriores do rei (2Crônicas 21:12,13) e antecipa o castigo que viria sobre ele (2Crônicas 21:14,15).[7] O mesmo autor diz que a carta em si

[6] PRATT, JR., Richard L. *1 e 2 Crônicas*, p. 484.

[7] PRATT, JR., Richard L. *1 e 2 Crônicas*, p. 482.

segue uma introdução (2Crônicas 21:12a) e toma a forma de um oráculo profético de juízo: a fórmula mensageiro (2Crônicas 21:12b), acusação (2Crônicas 21:13) e sentença (2Crônicas 21:14,15).[8]

Vejamos mais alguns detalhes.

Em primeiro lugar, *Jeorão, o povo e o reino sofrem o castigo de Deus* (2Crônicas 21:12-15). O profeta Elias entra em cena para enviar uma carta ao rei Jeorão, mostrando-lhe que o pecado traz consequências terríveis para o povo, para o rei, para sua família e para o reino. Jeorão, ao receber a carta de Elias, em vez de se arrepender, continua a pecar açodadamente. Como não se arrependeu, foi quebrado sem oportunidade de cura. A escolha é: arrepender-se e viver, ou não se arrepender e morrer.

Em segundo lugar, *Jeorão perde o reino* (2Crônicas 21:16,17). Ele perdeu os bens, os filhos, as mulheres e o reino. A rebelião dos edomitas contra o poder de Judá (2Crônicas 21:8,9), bem como a rebelião de Libna (2Crônicas 21:10b) e o ataque dos filisteus não ocorreram por capricho militar desses povos. Foi Deus quem despertou os inimigos contra Jeorão. O inimigo invadiria e saquearia o reino de Judá e levaria os tesouros de Jeorão, bem como as esposas e os filhos. Essa profecia de Elias se cumpriu. Os filisteus e os arábios invadiram Judá, levaram embora os tesouros do palácio, as esposas

[8] PRATT, JR., Richard L. *1 e 2 Crônicas*, p. 486.

e os filhos de Jeorão, com exceção do jovem Acazias, conhecido também como Jeocaz.

Em terceiro lugar, *Jeorão perde a saúde* (2Crônicas 21:14,15). Uma enfermidade incurável e dolorosíssima feriu o rei. Essa enfermidade, além de incurável, era progressiva. Jeorão contraiu uma doença intestinal dolorosa e morreu dois anos depois. O sofrimento provocado pela doença era indescritível, a ponto de suas entranhas saírem e ele morrer com sofrimento atroz.

Em quarto lugar, *Jeorão perde a vida* (2Crônicas 21:18,19). Jeorão morre precocemente aos quarenta anos de idade, depois de oito anos de turbulenta administração. Sua vida foi um desastre. Seu governo foi uma tragédia. Sua família foi um fracasso. Sua morte foi um alívio. O cronista omite as referências em Reis de fontes literárias sobre as atividades do rei (2Reis 8:23). Essa omissão foi provavelmente designada para menosprezar o rei, ao ignorar seus registros oficiais.

Em quinto lugar, *Jeorão perde o prestígio* (2Crônicas 21:19,20). Ele foi o único rei da história de Judá que se foi sem deixar saudades. A morte dele foi um alívio para o povo. Não houve cortejo fúnebre nem choro por causa de sua morte. Não caiu uma gota de lágrima em seu funeral. Negaram-lhe a honra devida aos reis em seu sepultamento. Na hora de sepultá-lo, privaram-lhe da sepultura dos reis. Ele não foi achado digno. Os moradores de Jerusalém, e não Jeorão, nomearam Acazias rei (2Crônicas

22:1). O reinado de Jeorão estava em tal desordem, que o povo teve de resolver o assunto.[9]

Nossa vida é feita de escolhas. Não podemos errar quanto ao casamento, à família e ao nosso relacionamento com Deus. Cuide de sua família. Ela não é perfeita, mas é a família que você tem. Lute por ela. Ore por ela. Não erre quanto à integridade de sua fé em Deus. Não brinque com as coisas de Deus. Leve Deus a sério, pois a vida só faz sentido quando a vivemos nele, por Ele e para Ele.

[9] PRATT JR., Richard L. *1 e 2 Crônicas*, p. 481.

CAPÍTULO 12

ELIAS É TRANSLADADO AO CÉU

Elias, o gigante de Deus, era um homem semelhante a nós, sujeito aos mesmos sentimentos. Teve medo, fugiu, foi picado pela víbora da autopiedade e desejou para si a morte.

O plano de Deus para sua vida, porém, era exatamente o oposto. Como não sabemos orar como convém (Romanos 8:26), Elias, desejando a morte, não passou por ela. Ele foi transladado ao céu sem ter a experiência mais democrática dos homens, a morte.

O texto que vamos estudar agora volta a atenção para o término da grande missão de Elias e para o início do ministério de seu sucessor. Aborda o fato de que tanto Elias quanto Eliseu, bem como os discípulos dos profetas, estavam cientes de que Elias seria arrebatado ao céu (2Reis 2:1,3,5,10). Embora os jovens profetas tivessem recebido uma revelação sobre a transladação de Elias para o céu, não tiveram o privilégio de se despedir pessoalmente dele, mas permaneceram ao longe.[1]

[1] FINLEY, Harvey E. *O Livro de Reis.* Comentário Bíblico Beacon, vol. 2, p. 344.

Charles Swindoll diz que essas escolas de profetas eram os antigos seminários, provavelmente fundados por Samuel. Eram escolas em que rapazes eram treinados para responder ao chamado divino e para aprender o estilo de vida de um profeta.[2] Mesmo em tempo de apostasia, Deus tinha um remanescente, e esses discípulos estavam sendo preparados para pregar a Palavra a um povo de dura cerviz.

Elias seria o segundo homem da história a ir para o céu sem passar pela morte. Antes dele, apenas Enoque (Gênesis 5:21-24; Hebreus 11:5). Depois dele, nenhum outro. A transladação de Enoque e de Elias aponta para o arrebatamento da igreja, fato que ocorrerá na segunda vinda de Cristo. O apóstolo Paulo escreveu:

> Não queremos, porém, irmãos, que sejais ignorantes com respeito aos que dormem, para não vos entristecerdes como os demais, que não têm esperança. Pois, se cremos que Jesus morreu e ressuscitou, assim também Deus, mediante Jesus, trará, em sua companhia, os que dormem. Porquanto o Senhor mesmo, dada sua palavra de ordem, ouvida a voz do arcanjo, e ressoada a trombeta de Deus, descerá dos céus, e os mortos em Cristo ressuscitarão primeiro; depois, nós, os vivos, os que ficarmos, seremos arrebatados juntamente com eles, entre nuvens, para o encontro do Senhor nos ares, e, assim, estaremos para sempre

[2] SWINDOLL, Charles R. *Elias*, p. 184

> com o Senhor. Consolai-vos, pois, uns aos outros com estas palavras (1Tessalonicenses 4:13-18).

E ainda:

> Isto afirmo, irmãos, que a carne e o sangue não podem herdar o reino de Deus, nem a corrupção herdar a incorrupção. Eis que vos digo um mistério: nem todos dormiremos, mas transformados seremos todos, num momento, num abrir e fechar d'olhos, ao ressoar a última trombeta. A trombeta soará, os mortos ressuscitarão incorruptíveis, e nós seremos transformados. Porque é necessário que este corpo corruptível se revista da incorruptibilidade, e que o corpo mortal se revista da imortalidade. E, quando este corpo corruptível se revestir de incorruptibilidade, e o que é mortal se revestir de imortalidade, então, se cumprirá a palavra que está escrita: Tragada foi a morte pela vitória (1Coríntios 15:51-54).

A JORNADA DE ELIAS ANTES DE SER TRANSLADADO AO CÉU

Elias sabe que será transladado, mas não cessa sua atividade profética. Sua peregrinação passa por quatro lugares simbólicos: Gilgal, Betel, Jericó e Jordão. Essa seria uma experiência solitária, a menos que a ordem dada a Eliseu, segundo a qual deveria "ficar aqui" (2Reis 2:2), fosse um teste de sua lealdade e perseverança. Estou inclinado a crer que foi exatamente o caso.

Donald Wiseman diz que o sucessor de Elias já havia sido designado (1Reis 19:19-21), mas o episódio dramático e único que marca a partida ou ascensão de Elias serve também para conferir o comissionamento a seu sucessor, o qual é de pronto confirmado como detentor dos mesmos poderes miraculosos de seu mestre.[3]

Vale destacar que duas dessas cidades são lugares conhecidos como centros de adoração pagã. Betel foi um dos centros de adoração ao bezerro estabelecidos pelo rei Jeroboão, e Jericó tinha sido uma cidade amaldiçoada por Josué. Nessas duas cidades, somos apresentados aos discípulos dos profetas, os quais faziam parte da comunidade profética. Tony Merida destaca que em lugares de densas trevas precisamos de pregação bíblica e de ensino aos crentes.[4]

Warren Wiersbe afirma que Deus tinha em mente pelo menos três propósitos ao levar esses dois servos a caminharem juntos.[5]

Em primeiro lugar, *aproveitar o presente* (2Reis 2:1,3,5). Eliseu sabia que Elias o deixaria e deseja estar com ele até o fim, ouvindo seus conselhos e aprendendo com ele. Na verdade, quando Elias lançou seu manto sobre Eliseu, este lhe prometeu: "eu te seguirei" (1Reis

[3] WISEMAN, Donald J. *1 e 2 Reis: introdução e comentário*, p. 171.

[4] MERIDA, Tony. *Christ-Centered Exposition — 1 & 2 Kings*, p. 188.

[5] WIERSBE, Warren W. *Comentário bíblico expositivo*, vol. 2, p. 494, 495.

19:20). E agora está cumprindo a promessa. Essa comunhão de Elias com Eliseu pode ser vista no relacionamento de Moisés com Arão, de Davi com Jônatas, de Paulo com Lucas.

Em segundo lugar, *preparar para o futuro.* Em Betel e em Jericó, Elias e Eliseu visitaram os discípulos dos profetas (2Reis 2:3,5,7,15), grupo de homens consagrados e chamados por Deus para estudar as Escrituras e ensiná-las ao povo. Esse investimento nos obreiros de Deus é por demais importante, porque a obra do Senhor se encontra sempre a uma geração da extinção. Por isso, devemos atentar para o que o apóstolo Paulo escreveu: "O que de minha parte ouviste através de muitas testemunhas, isso mesmo transmite a homens fiéis e, também, idôneos para instruir a outros" (2Timóteo 2:2). É vital passar o bastão da fé às novas gerações.

Em terceiro lugar, *recapitular o passado.* Os quatro lugares — Gilgal, Betel, Jericó e Jordão — eram importantes para a história de Israel, cada um transmitindo uma mensagem especial. Antes de deixar a terra e ir para o céu, Elias deseja visitar esses lugares pela última vez e levar Eliseu consigo. Warren Wiersbe está certo em afirmar: "O passado não é uma âncora para nos segurar, mas um leme a nos dirigir, e o Senhor pode usar essas memórias para fortalecer a nossa fé".[6] O passado deve ser

[6] WIERSBE, Warren W. *Comentário bíblico expositivo*, vol. 2, p. 495, 496.

nosso pedagogo, e não nosso coveiro. O que aprendemos, precisamos transmitir a nossos filhos e futuras gerações (Salmos 78:1-8; 145:4).

Vejamos a jornada de Elias e de Eliseu antes de o tesbita ser elevado às alturas.

Em primeiro lugar, *Gilgal* (2Reis 2:1). Gilgal foi o lugar do começo de tudo. Foi o primeiro lugar em que os israelitas acamparam depois de atravessar o rio Jordão e de entrar na Terra Prometida (Josué 4:19,20). Foi em Gilgal que a nova geração de israelitas nascida no deserto se submeteu à circuncisão, tornando-se oficialmente "filhos da aliança" (Josué 5:2-9). Em Gilgal, celebraram a Páscoa, e foi ali que, ao comerem do fruto da terra, cessou o maná (Josué 5:10-12). Warren Wiersbe tem razão em dizer que Gilgal foi o lugar dos recomeços, e Elias queria que seu sucessor se lembrasse disso. Cada nova geração é uma oportunidade para Deus levantar novos líderes, e, cada vez que o povo se arrepende e se volta para o Senhor, Ele pode restaurá-lo e renová-lo. Na época de Elias, Gilgal era um centro de adoração idólatra (Oseias 4:15; 9:15; 12:11; Amós 4:4; 5:5), mas Elias não o abandonou.[7] Em nossa peregrinação, precisamos também passar por Gilgal, o lugar dos novos começos!

Em segundo lugar, *Betel* (2Reis 2:2,3). A próxima parada de Elias era Betel, casa de Deus, lugar de oração. Betel dista 25 quilômetros de Gilgal. Ali Abrão adorou

[7] WIERSBE, Warren W. *Comentário bíblico expositivo*, vol. 2, p. 496.

ao Senhor (Gênesis 12:8; 13:3). Em Betel, Jacó viu os anjos de Deus subindo e descendo a escada que alcançava o céu. Ali Jacó ouviu as promessas de Deus e fez votos ao Senhor (Gênesis 28). Betel foi definida por Jacó como "casa de Deus, porta do céu". Anos mais tarde, o próprio Jacó voltou a Betel, recomeçando sua caminhada com Deus (Gênesis 35:1-15). Tristemente, o rei Jeroboão transformou Betel em um local de adoração idólatra (1Reis 12:26-32; Amós 3:14; 4:4-6). Elias, porém, olhou para além da profanação da cidade em sua época e enxergou um tempo em que aquele seria um lugar de bênção e de restauração. Betel é símbolo de encontro com Deus, na casa dele, onde Ele se revela, faz promessas e restaura seu povo.

Em terceiro lugar, *Jericó* (2Reis 2:4,5). Elias e Eliseu andaram de Betel a Jericó, o lugar da batalha. Jericó foi o lugar em que o povo de Deus lançou fortes bases contra a oposição. Jericó foi para os israelitas o que o Dia "D" significou para os Aliados da Segunda Guerra Mundial. Foi a Normandia do povo de Deus.[8]

Nas cidades de Betel e de Jericó, Eliseu garantiu aos discípulos dos profetas que sabia o que estava prestes a ocorrer, ou seja, que Elias seria arrebatado ao céu. Jericó era um lugar emblemático. Ali foi o lugar da primeira vitória de Josué na Terra Prometida (Josué 5:13-6:27), e também o lugar em que Acã desobedeceu às ordens de

[8] SWINDOLL, Charles R. *Elias*, p. 186.

Deus e tomou despojos que pertenciam ao Senhor, fato que resultou na derrota de Israel diante da cidade de Ai (Josué 7). Josué havia amaldiçoado qualquer um que reconstruísse Jericó (Josué 6:26), mas a cidade havia sido reconstruída durante o governo do perverso rei Acabe (1Reis 16:34). Warren Wiersbe frisa que, para Eliseu, Jericó lembrava a vitória da fé, a tragédia do pecado e a majestade do Senhor.[9]

Em quarto lugar, *Jordão* (2Reis 2:6-8). Por fim, Elias chega ao Jordão, seu último destino terreno. O Jordão é mais que um rio; é um símbolo. Assim como Israel havia passado a pés enxutos no mar Vermelho ao sair do Egito, atravessa o Jordão a pés enxutos ao entrar na Terra Prometida. O mesmo Jordão que foi aberto nos dias de Josué agora será aberto nos dias de Elias e de Eliseu. Eliseu está na cola de Elias, em uma espécie de marcação homem a homem. Ficou ao lado de Elias até o fim do jogo.

Warren Wiersbe diz que esse episódio mostra as semelhanças entre Moisés e Elias. Os dois separaram as águas: Moisés, as do mar Vermelho (Êxodo 14:16,21,26); Elias, as do rio Jordão (2Reis 2:8). Os dois fizeram descer fogo do céu (Êxodo 9:24; Levítico 9:24; Números 11:1; 16:35). Os dois viram o Senhor prover alimento: Moisés testemunhando o maná (Êxodo 16) e as codornizes (Números 11); Elias, o azeite e a farinha para a viúva, além das próprias refeições em Querite. Na terra do Egito,

[9] WIERSBE, Warren W. *Comentário bíblico expositivo*, vol. 2, p. 496.

Moisés orou e Deus alterou as condições do tempo, enquanto Elias orou e Deus fez cessar as chuvas, e, depois de três anos e meio, fez voltar a chover. Os dois foram associados ao monte Horebe. Os dois caminharam pelo deserto. Os dois tiveram um final singular de vida: Deus sepultou Moisés em um lugar em que ninguém o poderia encontrar e levou Elias para o céu em um redemoinho. Tanto Moisés quanto Elias tiveram o privilégio de estar presentes com Jesus no monte da transfiguração (Mateus 17:4).[10]

Os cinquenta discípulos dos profetas contemplam Elias e Eliseu de longe às margens do Jordão, quando Elias toma seu manto, enrola-o e fere as águas, as quais se dividem para as duas bandas. E ambos atravessam a seco.

A SUBIDA DE ELIAS AO CÉU

O arrebatamento de Elias ao céu é uma das efemérides mais importantes registradas no Antigo Testamento. Vejamos a sequência dos acontecimentos:

Em primeiro lugar, *a oferta de Elias* (2Reis 2:9a). Tendo eles passado o Jordão, Elias diz a Eliseu: "Pede o que queres que eu te faça, antes que seja tomado de ti". Assim como no passado Salomão, ao ser interrogado pelo Senhor, pediu coração sensato para governar o povo de Deus, Eliseu tem a oportunidade de expressar

[10] WIERSBE, Warren W. *Comentário bíblico expositivo*, vol. 2, p. 497.

seu máximo desejo. O que haveria de pedir? Riquezas? Influência? Poder para confrontar reis? Essa pergunta tinha o propósito de diagnosticar os anelos do coração de Eliseu.

Em segundo lugar, *o pedido de Eliseu* (2Reis 2:9b). Eliseu respondeu: "Peço-te que me toques por herança porção dobrada do teu espírito". Obviamente, isso não significa que Eliseu quer receber o dobro do Espírito Santo ou ter um ministério duas vezes maior que o de Elias, mas, sim, que deseja ter mais do espírito interior que motivou o grande profeta. Seu pedido baseou-se em Deuteronômio 21:17. Eliseu queria ocupar a honrosa posição de filho primogênito de Elias, cabendo-lhe, assim, dobrada porção de tudo quanto Elias possuía. Warren Wiersbe destaca que Eliseu havia caminhado com Elias e cuidado de suas necessidades (2Reis 3:11; 1Reis 19:21), mas a única herança que desejava era uma porção dupla do espírito interior de coragem, fidelidade, fé em Deus e obediência à vontade de Deus que seu mestre possuía.[11] Donald Wiseman corrobora com esse pensamento quando escreve: "O pedido por uma 'porção dobrada' não era para sobrepujar seu mestre, mas para que recebesse a parte que cabia ao filho primogênito, segundo a lei. Esse

[11] WIERSBE, Warren W. *Comentário bíblico expositivo*, vol. 2, p. 497.

filho tinha a responsabilidade de perpetuar o nome e o trabalho do pai".[12]

Em terceiro lugar, *a condição* (2Reis 2:10). Elias não é a fonte do poder. Esse desejo de Eliseu só poderia ser atendido pelo próprio Senhor. Todavia, se Eliseu visse sua subida ao ser recolhido por Deus, seria sinal de que seu pedido estava atendido. O que isso significa? O teste seria saber se Eliseu teria a habilidade de ver e entender o mundo espiritual e a visão necessária para penetrar os céus.[13]

Em quarto lugar, *a subida* (2Reis 2:11). Elias não estava pregando nem orando quando foi arrebatado ao céu. Era apenas o passeio de dois amigos íntimos que estavam andando e conversando, quando repentinamente um carro de fogo, com cavalos de fogo, os separou um do outro; e Elias subiu ao céu em um redemoinho. Carruagens e cavalos simbolizavam proteção poderosa, bem como a presença espiritual de Deus, que era a verdadeira segurança de Israel. Dale Ralph Davis diz que os carros e os cavalos eram equipamento militar. Ter a companhia de Elias era como ter o exército de Deus. Ele era o verdadeiro sistema de defesa de Israel. Elias era uma espécie de "tropa de elite".[14] Tony Merida acrescenta que a aparição das carruagens de fogo simboliza que esse profeta é a expressão do

[12] WISEMAN, Donald J. *1 e 2 Reis: introdução e comentário*, p. 172.

[13] WISEMAN, Donald J. *1 e 2 Reis: introdução e comentário*, p. 172.

[14] DAVIS, Dale Ralph. *1 e 2 Reis*, p. 361.

próprio poder de Israel, e isso porque o poder do Senhor estava sobre ele. Elias era como o exército de Deus, o verdadeiro defensor de Israel, porque Deus estava com ele.[15]

Assim, o guerreiro de Deus, o destemido profeta que repreendeu a família do ímpio rei Acabe, está sendo separado de Eliseu por armas de guerra. Agora um pertencia ao céu e o outro daria continuidade a seu ministério na terra. O primeiro cessava o combate; o outro, continuava a batalha. Uma era está acabando; outra está despontando. É uma hora de transição no reino de Deus.

Em quinto lugar, *a reação* (2Reis 2:12,13). Eliseu viu toda a cena do arrebatamento de Elias. Seu pedido estava atendido. A reação de Eliseu foi de espanto. Exclamou: "Meu pai, meu pai, carros de Israel e seus cavaleiros!". Harvey Finley diz que essa atitude demonstra o reconhecimento por parte de Eliseu de que Elias era seu líder espiritual e seu reverenciado predecessor.[16] O guerreiro de Deus foi tirado da companhia de Eliseu e arrancado da terra para estar com o Senhor. Ao contemplar a cena arrebatadora, Eliseu rasgou as próprias vestes em duas partes, levantou o manto que Elias deixara cair e, voltando-se, pôs-se à borda do rio Jordão. Harvey Finley diz que a disponibilidade do manto autenticava que Eliseu havia recebido a "porção dobrada". Na verdade, representava o

[15] MERIDA, Tony. *Christ-Centered Exposition: 1 & 2 Kings*, p. 188.

[16] FINLEY, Harvey E. *O Livro de Reis.* Comentário Bíblico Beacon, vol. 2, p. 344.

endosso de Deus sobre ele como sucessor de Elias e o símbolo de que o poder do Senhor permaneceria nele da mesma forma que se havia estabelecido em Elias.[17]

Em sexto lugar, *a divisão das águas* (2Reis 2:14). Eliseu feriu as águas do Jordão com o manto de Elias e disse: "Onde está o Senhor, Deus de Elias?". Que pergunta emblemática! O que significa? Será que Deus só fez milagres ontem, ou ainda os faz hoje? Será que Deus só agiu no passado, ou ainda age hoje? Ao ferir as águas do Jordão com o manto de Elias, as águas novamente dividiram para uma e outra banda, e Eliseu passou. O Deus de Elias é o Deus de Eliseu. O mesmo Deus que agira no passado age também no presente. Elias se foi, mas o Senhor de Elias permanece.

É claro que Eliseu não era um clone de Elias. Mas esses dois homens tinham uma coisa em comum: ambos tinham fé no Deus vivo e verdadeiro. Dale Ralph Davis diz com razão que o poder de Deus não está atado a nenhuma era particular. O mesmo Deus que abriu o Jordão na conquista da terra agora também o abre nos dias de Elias e de Eliseu. O braço do Senhor não atrofiou. As obras de Deus não estão limitadas ao Pentecostes, à Reforma ou aos reavivamentos do século 18. O Deus histórico é também o Deus contemporâneo.[18]

[17] FINLEY, Harvey E. *O Livro de Reis*. Comentário Bíblico Beacon, vol. 2, p. 344.

[18] DAVIS, Dale Ralph. *1 e 2 Reis*, p. 365, 366.

O mesmo autor destaca que o poder de Deus tampouco está limitado a certo instrumento. O espírito de Elias repousa sobre Eliseu. Eliseu, pelo poder do Senhor, pode realizar as mesmas obras que Elias (2Reis 2:8,13-14). Saber disso deve nos impedir de idolatrar certos servos de Deus. Nosso socorro está no nome do Senhor, não no carisma de seus servos. Os líderes de Deus mudam; o poder divino permanece. Às vezes, Deus remove seus servos mais renomados para que não façamos deles ídolos, como se fossem os únicos canais da ajuda de Deus. Talvez o Senhor demonstre seu poder deliberadamente por meio de instrumentos "menores" para que não fiquemos transfixados com o entusiasmo de seus servos, mas, sim, com a força do braço de Deus.[19]

A procura por Elias, pelos discípulos dos profetas

Os discípulos dos profetas foram a Eliseu pedindo-lhe autorização para fazer uma varredura pelos montes e vales na busca exaustiva de Elias. Depois da recusa de Eliseu, importunaram-no até terem sua permissão. Vejamos como se deram os fatos.

Em primeiro lugar, *a constatação* (2Reis 2:15). Os cinquenta discípulos dos profetas reconheceram a transição profética de Elias para Eliseu. Não tiveram dificuldade

[19] DAVIS, Dale Ralph. *1 e 2 Reis*, p. 366.

em se sujeitar a ele e em aceitar sua liderança, pois o poder de Deus era evidente no ministério de Eliseu, como fora no de Elias. Nas palavras de Dale Ralph Davis, "o que Elias tinha feito, Eliseu agora faz. Os discípulos dos profetas entendem a mensagem ao declararem: 'O espírito de Elias repousa sobre Eliseu' (2Reis 2:15). O poder do Senhor ainda está disponível por meio de Eliseu".[20]

Em segundo lugar, *o pedido* (2Reis 2:16). Embora os discípulos dos profetas reconhecessem a transferência do ministério de Elias para Eliseu, não foram regidos por sabedoria ao pedirem a Eliseu que cinquenta homens valentes vasculhassem montes e vales à procura de Elias. Aliás, parece que esse fato não era tão incomum na vida de Elias (1Reis 18:12). Eliseu, obviamente, não deferiu ao pedido deles.

Em terceiro lugar, *a permissão* (2Reis 2:17a). "Mas eles apertaram com ele, até que, constrangido, lhes disse: Enviai". A permissão de Eliseu foi apenas para se livrar do incômodo e da insistência dos discípulos dos profetas. Eliseu tinha plena consciência de que Elias não estava mais em um monte, tampouco em um vale, mas no céu.

Em quarto lugar, *a conclusão* (2Reis 2:17b,18). Tendo os cinquenta valentes procurado Elias exaustivamente, retornaram relatando o que Eliseu já sabia: não o encontraram. Eliseu então lhes diz: "Eu não vos disse que não fôsseis?".

[20] DAVIS, Dale Ralph. *1 e 2 Reis*, p. 365.

AS EVIDÊNCIAS DA LEGÍTIMA SUCESSÃO DE ELIAS

Daquele momento em diante, a fé de Eliseu lhe daria acesso ao poder divino e o capacitaria a realizar a obra de Deus em Israel. Dois milagres destacam a essência daquilo que fora o ministério de Elias:

Em primeiro lugar, *a manifestação da graça* (2Reis 2:19-22). Jericó era uma cidade debaixo da maldição do pacto (Deuteronômio 28:15-18; Josué 6:26). Ali, uma maldição foi tanto proferida quanto infligida. Um dos sinais dessa maldição é que suas águas produziam esterilidade e morte, e não vida.

A Bíblia de Jerusalém captou melhor o sentido do texto: "O povo da cidade disse a Eliseu: a cidade é agradável para se viver, como o meu senhor pode ver, mas a água é suja e o país sofre com abortos". "Sofre com abortos" traduz melhor o sentido do verbo *sakal.* Além disso, quando Eliseu anuncia a "cura" das águas pelo Senhor, assegura ao povo da cidade que o suprimento de água não mais causará mortes nem abortos (2Reis 2:21). O problema é muito mais sério que uma terra improdutiva. Havia algo letal no abastecimento de água, gerando morte de animais e humanos.[21] Eliseu restaura as águas de Jericó ao estado original, como que em um retorno ao Éden. Esta é a obra da graça: onde há morte, Deus traz vida. Onde

[21] DAVIS, Dale Ralph. *1 e 2 Reis*, p. 369.

há esterilidade, Deus traz fertilidade. Onde há maldição, Deus traz bênção.

Dale Ralph Davis tem razão em afirmar que o sal é o sinal externo, a palavra é o componente essencial: "Assim diz o Senhor: Eu curarei essas águas". Portanto, nesse episódio o uso do sinal visível e da palavra falada mostra que a palavra de Deus, por meio do profeta de Deus, traz a graça de Deus ao povo de Deus. Esse é o impacto transformador dessa graça.[22] É digno de nota que o sal não purificou a água nem tratou o solo — isso foi obra de Deus. O Senhor está repetindo o milagre operado em Mara, cujas águas eram amargas (Êxodo 15:22-26).

A cidade amaldiçoada agora recebe uma bênção graciosa. O lugar em que o Senhor infligiu sua palavra destrutiva agora desfruta de sua palavra curadora. Deus prefere curar a destruir. Ele reverte maldição em bênção. A cidade amaldiçoada tornou-se a cidade agraciada. A palavra de Deus por meio do profeta de Deus traz a graça de Deus até mesmo para Jericó. Deus faz o mesmo ainda hoje.

John Newton (1725-1807), nascido na Inglaterra, era um perverso traficante de escravos. Transportava escravos da África para as Américas em imundos navios negreiros. Era cruel e blasfemo. Ao enfrentar certa vez uma terrível tempestade no mar, notou que o navio estava indo a pique, prestes a naufragar. Diante da carranca da morte,

[22] DAVIS, Dale Ralph. *1 e 2 Reis*, p. 369.

foi tomado por uma forte convicção de pecado. Seus pecados eram muitos e terríveis. Como poderia haver misericórdia para um homem como ele? Então, sacudido pelo poder da graça, sentiu-se perdoado. Experimentou uma conversão extraordinária. Tornou-se um pastor anglicano e um grande defensor do fim da escravidão. Ele compôs o hino *Amazing grace* [Surpreendente graça] em 1772. Ele tornou-se um dos mais importantes hinos cristãos da história. Com mais de duzentos anos, é a canção mais gravada de todos os tempos. Ah, a graça de Deus transforma monstros em servos do Deus altíssimo! A graça de Jesus invade nossa escuridão, trazendo luz; invade nossa morte, trazendo vida.

Em segundo lugar, *a manifestação do juízo* (2Reis 2:23-25). Esse episódio ocorreu em Betel, um dos centros de idolatria em Israel. Harvey Finley faz menção da dificuldade de conciliar completamente esse episódio com o caráter de Deus ou com a bondade do profeta.[23] A morte dos jovens que zombaram de Eliseu é algo tão inesperado e chocante como foi os soldados serem queimados (2Reis 1:9-12). Esses rapazinhos, porém, não eram crianças inocentes, mas uma gangue de jovens arrogantes ridicularizando maliciosamente a Deus e a seu servo. É como se estivessem dizendo: "Se você é mesmo um homem de Deus, por que não vai para o céu como Elias foi? Que

[23] FINLEY, Harvey W. *O Livro de Reis*. Comentário Bíblico Beacon, vol. 2, p. 345.

bom que ele partiu; e seria bom se você seguisse o mesmo caminho".

Nas palavras de Warren Wiersbe, o que temos aqui "é uma gangue de desordeiros irreverentes e desrespeitosos zombando do servo de Deus e repetindo palavras que provavelmente ouviram em casa ou nas ruas da cidade".[24] Tony Merida está certo ao afirmar que esses jovens zombeteiros estão caçoando de Eliseu, humilhando-o por seu aspecto físico de calvície e dizendo-lhe: "Suma daqui. Vá embora. Não queremos você aqui por perto".[25] Precisamos nos lembrar, entretanto, que Deus não se deixa escarnecer. A Escritura diz: "Não vos enganeis: de Deus não se zomba; pois aquilo que o homem semear, isso também ceifará" (Gálatas 6:7). Essa maldição sobre os jovens era uma advertência à nação. Se persistissem na zombaria, desdém, desobediência e apostasia, sofreriam as mesmas amargas consequências.

Dale Ralph Davis destaca quatro pontos nesta passagem: 1) O grupo. Tratava-se de um grupo de rapazes e não de crianças. 2) O lugar. Betel era o centro da adoração ao bezerro de Jeroboão (1Reis 12:25-33). Provavelmente o profeta de Deus fosse uma *persona non grata* nessa cidade. 3) O grupo de rapazes agiu com intenção premeditada: "Então, subiu dali a Betel; e, indo ele pelo caminho, uns rapazinhos saíram da cidade, e zombavam

[24] WIERSBE, Warren W. *Comentário Bíblico Expositivo*, vol. 2, p. 499.

[25] MERIDA, Tony. *Christ-Centered Exposition: 1 & 2 Kings*, p. 191.

dele, diziam-lhe: Sobe, calvo! Sobe, calvo!" (2Reis 2:23). As ações deles foram calculadas. Não foi um encontro acidental. Esses jovens saíram da cidade para zombar do profeta de Deus. A intenção deles foi deliberada e maldosa. 4) A palavra de escárnio. Os jovens de Betel não apenas zombaram do profeta de Deus, mas também usaram um termo de desprezo: "Calvo". Além disso, eles o incitam a "subir". A chacota deles utiliza o verbo *alah*, o mesmo utilizado quando Elias subiu no redemoinho (2Reis 2:11). É como se estivessem dizendo: "Por que você não sobe para o céu também, calvo?" ou "Por que você não continua subindo direto para fora da cidade? Por que você não desaparece de uma vez?".[26]

É digno de destaque que uma das advertências da aliança era que Deus enviaria animais selvagens para atacar o povo (Levítico 26:21,22). Aqueles que torcem o nariz e rejeitam esse episódio devem saber que Deus matou Nadabe e Abiú por terem oferecido "fogo estranho" perante o Senhor (Levítico 10:1-7). Deus ordenou que Acã fosse morto por ter tomado para si tesouros dos despojos de guerra que haviam sido inteiramente consagrados a Deus (Josué 7:1-26). Uzá foi morto por haver tocado na arca da aliança (2Samuel 6:1-7). Quando Ananias e Safira mentiram ao Espírito Santo e aos líderes da igreja primitiva, Deus tirou a vida do casal (Atos 5:1-11). No começo do ministério de Eliseu, o ataque das ursas

[26] DAVIS, Dale Ralph. *1 e 2 Reis*, p. 371, 372.

pactuais sofrido pelos jovens serviu de aviso solene de que o Senhor Deus de Elias ainda estava reinando e ainda levava sua aliança a sério.[27]

Concordo com esta afirmação de Dale Ralph Davis: "Aqui não temos um profeta irritável, mas, sim, o Deus que pune".[28] Eliseu é o profeta de Deus que profere o juízo em Betel.

Esse desrespeito e essa zombaria aos profetas de Deus acabaram levando tanto o Reino do Norte quanto o Reino do Sul ao cativeiro. O escritor sagrado registra:

> O Senhor, Deus de seus pais, começando de madrugada, falou-lhes por intermédio dos seus mensageiros, porque se compadecera do seu povo e da sua própria Morada. Eles, porém, zombaram dos mensageiros, desprezaram as palavras de Deus e mofavam dos seus profetas, até que subiu a ira do Senhor contra o seu povo, e não houve remédio algum (2Crônicas 36:15,16).

Os séculos passaram, e geração após geração se levantou e caiu. Agora estamos aqui, expostos também à palavra de Deus. O que vamos fazer? Deus coloca diante de nós a vida ou a morte. O que vamos escolher? É tempo de escolhermos a vida!

[27] WIERSBE, Warren W. *Comentário bíblico expositivo*, vol. 2, p. 500.

[28] DAVIS, Dale Ralph. *1 e 2 Reis*, p. 373.

Conclusão

Ao longo das páginas deste livro, acompanhamos o vigoroso ministério de Elias, o profeta do Altíssimo, chamado por Deus para confrontar uma geração corrompida e apóstata. Elias, o tesbita, não apenas enfrentou reis ímpios e denunciou a idolatria de seu tempo, mas também serviu de instrumento divino de juízo e graça, marcando sua geração com a verdade de Deus. Sua vida, marcada por coragem e contrição, nos lembra que Deus levanta homens ousados em tempos difíceis.

Elias foi um homem sujeito às mesmas emoções que nós. Teve momentos de valentia e momentos de profunda aflição. Suas vitórias no Carmelo e suas lágrimas sob o zimbro revelam um servo real, com virtudes e fraquezas, moldado pela mão de Deus. Ao ser sustentado por corvos e por uma viúva, ao enfrentar os profetas de Baal e ao ser levado ao céu sem experimentar a morte, Elias nos mostra que a jornada da fé é conduzida por um Deus que dirige, disciplina e sustenta.

Sua missão não terminou com seu arrebatamento. Seu legado repousou sobre Eliseu, seu sucessor, e sua voz ecoa até hoje como arauto do arrependimento e do poder do Senhor. Elias nos aponta para além do monte Carmelo

— para o monte da Transfiguração, onde aparece ao lado de Moisés e de Jesus como testemunha da glória eterna. Elias nos ensina que não basta proclamar com os lábios; é preciso viver no altar, de joelhos e com o coração inflamado pelo zelo do Senhor.

Que a vida de Elias desperte em cada leitor o anseio por uma fé viva, uma devoção inabalável e uma paixão santa pela glória de Deus. Que sejamos inspirados a ser uma voz profética em meio ao ruído do mundo, e a buscar, como Elias, intimidade com o Senhor. Pois, assim como ele foi fiel a seu chamado, também somos convocados a viver entre o juízo e a graça, firmados na Palavra e guiados pelo Espírito.

Esta obra não busca apenas ensinar sobre Elias, mas quer nos levar a sermos moldados pelo Deus de Elias. Que sua história aqueça nosso coração, nos empurre para uma vida de santidade e oração e nos lembre que ainda hoje o Senhor levanta profetas — não para agradar a multidão, mas para proclamar sua verdade com ousadia e fidelidade.

BIBLIOGRAFIA

BIMSON, John H. *1 e 2 Reis.* Comentário Bíblico Vida Nova. São Paulo: SP, 2023.

CHAMPLIN, Russell Norman. *O Antigo Testamento interpretado versículo por versículo.* São Paulo: Hagnos, 2018.

CHESTERTON, G. K. *Orthodoxy.* New York: Doubleday, 1990.

DAVIS, Dale Ralph. *1 e 2 Reis.* São Paulo: Cultura Cristã, 2024.

EDERSHEIM, Alfred. *Bible History: Old Testament.* Grand Rapids: Eerdmans, s.d.

FINLEY, Harvey E. *Os Livros de Reis.* Comentário Bíblico Beacon. Rio de Janeiro: CPAD, 2015. vol. 2.

GOLDINGAY, John. *Históricos para todos — 1 e 2 Reis.* Rio de Janeiro: Thomas Nelson, 2011.

MERIDA, Tony. *Christ-Centered Exposition — 1 & 2 Kings.* Nashville: Holman Reference, 2015.

MEYER, F. B. *Elijah.* Washington: Christian Literature Crusade, 1992.

PIERSON, Arthur T. *The Bible and Spiritual Life.* New York: Gospel Publishing, s.d.

PINK, A. W. *The life of Elijah.* Edinburgh: Banner of the Truth, 1963.

PRATT JR., Richard L. *1 e 2 Crônicas*. São Paulo: Cultura Cristã, 2008.

RYKEN, Philip Graham. *1 Reis*. São Paulo: Cultura Cristã, 2015.

SAWYER, Robert L. *Os Livros das Crônicas*. Comentário Bíblico Beacon. Rio de Janeiro: CPAD, 2015. vol. 2.

SWINDOLL, Charles R. *Elias*. São Paulo: Mundo Cristão, 2001.

WALLACE, Ronald. *Elijah and Elisha*. Grand Rapids: Eerdmans, 1957.

WARFIELD, B. B. *Faith and Life*. Edinburgh: Banner of the Truth, 1974.

WIERSBE, Warren W. *Comentário bíblico expositivo*. Santo André: Geográfica, 2006. vol. 2.

WISEMAN, Donald J. *1 e 2 Reis: introdução e comentário*. São Paulo: Vida Nova, 2021.